KB202985

Where Is GOD When I'm Afraid?

Pamela L. McQuade

Where Is GOD When I'm Afraid?

© 2014 by Barbour Publishing, Inc.
All rights reserved.
Originally Published by Barbour Publishing.
Korean translation Copyright © 2016 by Seorosarang Publishing

제가 두렵고 힘들 때
하나님은 어디 계시나요?

그분이 언제나 당신과 함께하신다는 확신 가운데 살라

파멜라 L. 맥퀘이드

김광석 옮김

서로사랑

제가 두렵고 힘들 때 하나님은 어디 계시나요?

1판1쇄 발행   2016년 3월 18일

지은이   파멜라 L. 맥퀘이드
옮긴이   김광석
펴낸이   이상준
펴낸곳   서로사랑(알파코리아 출판 사역기관)
만든이   이정자, 주민순, 장완철
　　　　　이소연, 박미선, 엄지일
이메일   publication@alphakorea.org

등록번호   제21-657-1
등록일자   1994년 10월 31일
주소   서울시 서초구 방배1동 918-3 완원빌딩 5층
전화   02-586-9211~3
팩스   02-586-9215
홈페이지   www.alphakorea.org

ⓒ서로사랑 2016
ISBN _ 978-89-8471-329-1 03230
* 이 책은 서로사랑이 저작권자와의 계약에 따라 발행한 것이므로
　본사의 허락 없이는 어떠한 형태나 수단으로도 이 책의 내용을 이용하지 못합니다.
* 잘못된 책은 바꿔 드립니다.
* 가격은 뒤표지에 있습니다.

목차

제가 두려워할 때
하나님은 어디 계시나요?

1

하나님이 우리에게 주신 것은 두려워하는 마음이 아니요
오직 능력과 사랑과 절제하는 마음이니

_딤후 1:7

Where Is GOD When I'm Afraid?

날마다 온갖 종류의 두려움이 우리 문을 두드리며, 우리
로 하여금 목전에 다가온 위험이 곧 우리 삶에 들이닥칠 거
라고 믿게 만든다. 신문도 우리 눈앞에 계속해서 걱정거리
를 늘어놓고, 온라인 뉴스도 그날 분의 걱정을 우리에게 남
긴다. 우리의 스마트 폰과 컴퓨터도 지역 문제와 세계 문제
를 걱정해야 할 필요성을 계속해서 일깨운다. 텔레비전 뉴
스 프로 진행자는 우리 개인의 삶에 영향을 미칠 수 있는
재해와, 우리의 삶과 가족에게 위협이 되는 사건과, 지구
반대편에 있는 어떤 괴물이 우리나라를 파괴할 수 있다고
설명한다. 미디어도 우리를 벼랑 끝에 두기를 기뻐하고, 계
속해서 불안한 가운데 사는 것을 즐기는 많은 사람들을 끌
어들이는 것처럼 보인다.

　이 세상에 얼마나 많은 문제가 존재하는지를 보면 놀랍

기만 하다. 그리고 매일 우리는 우리가 이 모든 문제를 걱정해야 할 것처럼 느낄지 모른다. 우리는 개인적인 재난과 먼 곳에서 발생한 이런 모든 재난에 대해 고뇌해야 할 권리가 있다고 믿는다. 우리는 중동의 전쟁에 도화선을 당긴 정책과 아무런 상관도 없고, 이스라엘과 종말에 대한 성경의 예언도 알고 있지만, 얼마 안 되어 우리는 우리가 행한 어떤 것 때문에 중동에 평화가 존재하지 않는 것처럼 행동하기 시작한다. 걱정이 우리의 삶을 지배하는 것이다.

> 걱정이 우리의 삶을 지배하는 것이다.

우리가 개인적인 두려움에 빠질 때 그것은 마치 내적 두려움이라 불리는 세일즈맨이 요술을 부려 우리 앞문까지 들어와서 "당신은 결코 …하지 못할 것입니다", "이 무서운 일은 …될 것입니다", 아니면 "다른 사람들은 …라고 생각합니다"라고 말하면서 불안 마케팅을 하는 것처럼 보인다. 그의 말에는 기쁜 소식이 하나도 없지만 우리는 언제나 그것이 세상에서 최고의 소식인 것처럼 행동하고 이런 생각의 패턴을 사서 얼른 집으로 들이고 싶어 한다. 그러나 일단 우리가 걱정을 사면 그것은 우리 마음에서 뱅뱅 돌며, 우리는 개인의 재앙이나 세계적 재앙 외에 다른 생각을 못 하게 된다. 미로에 갇힌 생쥐처럼 우리는 이내 의심과 불행에 사로잡히게 되는 것이다.

우리를 괴롭히는 두려움들

어떤 두려움이 정말로 당신을 괴롭히는가? 당신의 돈을 모두 잃을지 모른다는 생각인가? 당신의 관계인가? 교회 안에서 당신의 영적 위상인가? 아마도 그것은 미래와 다가올 정치적 위험을 바라볼 때 오는 두려움일지도 모르겠다. 아니면 두려움을 두려워해서 가던 길을 멈출지도 모르겠다. 많은 염려들이 우리의 삶을 스쳐 지나간다. 그러나 우리 모두에게는 다른 사람들보다 더 두려워하는 무언가가 몇 개씩은 있는 것 같다. 10년 뒤에 세상이 어디로 향해 가는지를 무시하는 자도 가족에 대한 두려움에 사로잡힐지 모른다. 가족에 대해선 확신하는 자도 개인적 실패에 대해선 고통스러워할지 모른다. 우리 모두는 무언가에 특별히 예민한 것처럼 보인다. 물론 우리의 심금을 자주 울리는 한 가지 걱정은 누구에게나 있다.

우리를 괴롭히는 두려움이 무엇이든 간에 우리는 그들에 대해 생각조차 하는 것을 무서워할지 모른다. 할 수 있을 때마다 우리는 그 두려움을 카펫 아래에 쑤셔 넣고 무시하지만, 우리는 계속해서 그것에 걸려 넘어진다. 아니면 개가 한밤중에 잠에서 깨어 좋아하는 뼈에 대해 걱정하듯이 그것에 대해 걱정할지 모른다.

걱정은 우리의 모든 삶에 영향을 미친다. 우리 중 어떤 이들은 다른 사람들보다 더 많이 두려워하지만, 그 어느 누구도 그 손아귀에서 빠져나가지 못한다. 그러나 걱정이 우리 마음을 관통할 때 그것이 우리 마음에 자리를 잡을 필요는 없다.

두려움 해부

하나님은 두려움이 쫓아오지 못하도록 하실 수 없는가? 우리는 스스로에게 질문할지 모른다. 하나님은 두려움에 대해 우리에게 약속하지 않으셨는가? 그렇다면 왜 그분은 약속을 지키지 않으시는가?

왜 하나님은 두려움을 우리 삶의 일부분으로 허락하셨는가? 사실 삶은 위험할 수 있다. 하나님께서는 무턱대고 곤경으로 뛰어드는 것을 막기 위해 우리에게 두려움을 주셨다. 두려움은 하나님의 신호등의 황색등으로서 우리에게 천천히 가라고 경고한다. 우리가 무언가를 두려워할 때, 그때는 우리가 지금 어디로 가고 있는지 숨을 고르고 숙고해야 할 때다. 그러면 우리는 더 나은 방법으로 우리의 삶을 재조정할 수 있다.

두려움은 하나님의 신호등의 황색등이다.

타락 이후에 사탄과 우리의 타락한 본성은 이 자연스러운 경고 시스템을 새로운 부정적 차원으로 바꿔 버렸다. 단지 경고 신호로서 작동하기보다 두려움은 하나님을 불신하고 우리가 볼 수 없는 미래를 믿지 못하게 하는 그런 시스템으로 우리의 삶을 오도하기 시작했다.

우리가 만들어 낸 두려움

최소한 두려움의 함정의 일부는 우리 자신이 만들어 낸 경우일 때가 많다. 사탄과 그의 하수인들에게 전적인 책임이 있지 않다는 것이다. 그들은 단지 요기조기 만져 주기만 하면 되는데 군이 왜 우리의 일상에 세밀하게 간섭하겠는가? 어려운 상황이 생기면 악의 하수인들은 하나님의 도우심에 대한 의심을 심는다. 그런 다음 그들은 비옥한 우리의 상상력이 이어서 일을 하도록 허락한다. 의심의 연료를 공급받은 우리 마음은 재빨리 충분한 두려움을 만들어 내어 우리 마음에 흘러넘치게 한다. 우리가 그의 함정에 빠질 때까지 원수가 하는 일은 거의 없다. 그리고 그는 만족스럽게도 의심의 문이 '꽝' 하고 닫히는 소리를 듣는다. 악한 자는 요기조기를 만져 주면서 자기가 원하는 곳에 우리를 둔다. 불신앙에 눈이 먼 우리는 하나님이 이 어려운 상황에 어디에 계시냐고 묻기 시작한다. 얼마 안 가서 우리는 우리 문제의 책임을 하나님께 돌린다. 그러면 악한 자는 내내 우리를 그가 원하는 곳에 둔다. 흥분한 우리는 다른 곳이 아닌 자기 문에 불평을 쌓는다.

이처럼 함정에 빠졌을 때 우리 마음은 시속 수천 킬로미터로 달리면서 우리의 두려움 중 대부분이 실현되지 않았다는 가장 단순한 진리를 무시한다. 우리는 직장을 잃을까 봐, 자동차 사고를 당할까 봐, 혹은 아이나 배우자를 잃을까 봐 두려워했던 적이 얼마나 많은가? 우리가 걱정한 일이 현실화 되는 때도 가끔 있다. 하지만 그것들이 뇌에 갇힌 열매 없는 걱정들로 끝날 때가 더 많다. 대신에 우리는 스스로에게 이 두려움 중에 실제로 현실화 된 것은 얼마나 되었는가? 라는 질문을 던져야 한다. 심지어 어떤 일이 실제로 일어났더라도 그 궁극은 어떻게 될 것인가? 아마 당신은 직장을 잃고 잠시 몸부림칠지 모른다. 하지만 결국에는 지금까지 가졌던 직업 중에 최고의 직업을 얻게 될지 모른다. 장기적인 면에서 그 결국을 보면 실제로 두려워할 만한 가치가 있다. 그리고 엄청난 보너스로 당신은 이 시련의 기간 동안에 하나님을 신뢰하는 법을 배웠다. 우리가 난관에 직면했을 땐 이런 식으로 보기가 어렵다. 하지만 하나님은 진짜(real) 악에서 선을 이끌어 내실 때가 많다.

나쁜 상황에서 어느 정도 두려움을 느끼는 것은 정상이다. 용감했던 사도 바울도 모든 것이 잘못되어 가는 것처럼 보였을 때 두려워했던 것을 인정한다: "우리가 마게도냐에 이르렀을 때에도 우리 육체가 편하지 못하였고 사방으로 환난을 당하여 밖으로는 다툼이요 안으로는 두려움이었노라"(고후 7:5). 마게도냐의 상황은 좋지 않았고 바울도 그걸 알았다. 그러나 그는 여기 이 땅에서 일어나는 일이 하나님을 위한 그의 일을 망치도록 허락하지 않았다. 두려움과 함께 그는 그 다음에 온 위로(comfort) 가운데 하나님의 손길을 깨달았다. 다음 절에서 그는 "그러나"란 말로 다음과 같이 증언한다: "그러나 낙심한 자들을 위로하시는 하나님이 디도가 옴으로 우리를 위로하셨으니." 하나님은 아무런 도움도 주지 않으신 채 어쩔 수 없는 상황에 우리를 그대로 방치하지 않으신다. 그리고 바울은 자신에게 사역을 허락하신 하나님께서 그를 끝까지 도우실 것을 신뢰하면서 계속해서 그에게 주어진 사역을 행했다.

하나님은 진짜 악에서 선을 이끌어 내실 때가 많다.

두려움이 엄습할 때

두려움이 우리를 공격하고 우리를 포로로 잡겠다고 위협할 때 우리는 두려움을 어떻게 다루는가?

우리가 할 수 있는 최악은 걱정에 항복하는 것이다. 제2차 세계대전 중에 독일 군이 점령한 네덜란드에서 유대인들을 숨겨 준 위험한 일을 한 코리 텐 붐은 다음과 같이 경고했다: "걱정한다고 해서 내일 그 슬픔이 사라지지 않는다. 걱정은 오늘 우리의 힘을 빼 간다. 걱정하면 우리는 악을 피할 수가 없다. 그것은 악이 닥칠 때 직면하지 못하도록 만든다. 걱정은 그것이 오기도 전에 미리 당신이 지불하는 이자이다." 두려움 가운데 허우적대면 두려움에 대항하여 행동을 취할 수 없다. 대신에 우리는 기회들을 놓치고, 아마도 우리의 영적 삶이 손상을 입는 것을 목도하게 될 것이다.

우리는 걱정과 두려움이 하나님이 주신 선물이 아니라는 것을 기억함으로 시작할 수 있다. 하나님은 '우리에게 두려워하는 마음을 주시지 않고 오직 능력과 사랑과 절제하는 마음을 주신다'(딤후 1:7). 두려움에 싸여 본 사람이라면 누구나 두려움이 사랑과 절제하는 마음으로 우리를 인도하지 않는다고 증언할 수 있다. 두려움을 다른 사람에게 옮기거나 계속해서 불평하면 그것은 우리의 반응 양식이 될 수 있다. 그러나 그것은 하나님이 우리에게 원하시는 삶의 방식이 아니다.

"두려움은 믿음이 없는 것이다"라고 조지 맥도날드가 설명했다. 그의 말이 맞다. 우리가 삶에서 잘못되면 어떻게 하나 노심초사하고 문제들에 대해 고심하면 우리는 몰락할 수밖에 없다. C. S. 루이스는 다음과 같이 말했다: "우리는 일어난 한 가지 일을 감당할 힘을 받았지, 101가지의 서로 다른 문제를 감당할 힘을 받지 않았다." 하나님은 결코 일어나지 않을 일을 감당할 힘을 우리에게 주시지 않으셨다.

고민한다고 해서 우리 문제에 대한 해답이나 문제를 피할 수 있는 새로운 계획들이 결코 주어지지 않는다. 걱정을 많이 한다고 해서 가장 위대한 해결책인 하나님과의 더 깊은 교제가 이뤄지는 것도 아니다. 반대로 우리가 걱정하면 할수록 우리는 이 세상과 위험들에 더 초점을 맞추고 이들 모두를 다스리시는 하나님을 무시한다. 눈을 세상에 두는 것은 피조 세계 가운데 일어나는 모든 일에서 우리를 구원하실 수 있

고민한다고 해서 우리 문제에 대한 해답이 결코 주어지지 않는다.

는 하나님의 능력을 부인하는 것이다. 따라서 우리의 걱정
은 하나님께서 우리의 삶을 다스리시도록 허락하기보다는
우리 주님의 원수들에게 더 많은 능력을 부여한다.

우리의 삶에서 두려움과 그 파괴력을 피하는 방법은 우
리 주님께 더 힘 있게 다가가고, 우리 생각을 방해하고 우
리 존재를 괴롭히는 무서운 감정들도 그분의 손 안에 있다
는 것을 신뢰하는 것이다.

왜 우리는 이 땅에서 무언가를 두려워해야 하는가? 이
모든 것보다 더 크신 이가 계시다. 그분은 그 아들을 보내
서서 우리를 그분께 가까이 이끄시고, 반대 방향으로 도망
하게 하는 우리의 모든 죄를 위해 죽게 하셨다. 우리를 이
처럼 깊이 사랑하시는 하나님은 또한 우리에게 이렇게 말
씀하셨다: "아무 것도 염려하지 말고 다만 모든 일에 기도
와 간구로, 너희 구할 것을 감사함으로 하나님께 아뢰라"
(빌 4:6). 그분은 전능하시며 모든 것을 다스리신다. 그분이
이 땅에 재림하시는 날 '사람들이 세상에 임할 일을 생각
하고 무서워하므로 기절할 것이다. 왜냐하면 하늘의 권능
들이 흔들리기 때문이다' (눅 21:26). 그러나 우리가 이런 진리

를 성경에서 읽고 이 말씀의 정확성에 고개를 끄덕이지만, 우리는 여전히 이러한 실체(reality)를 우리 삶에 적용하는 데 어려움을 겪을지 모른다.

두려움이 특정 고통으로 변할 때

어떤 사람들의 경우에 두려움의 문제는 단지 믿음의 부족이나 어떤 상황에 대한 염려 이상의 것일 수 있다. 예수님을 믿고 자신의 삶을 그분께 위탁한 사람들 가운데 여전히 공황 발작으로 고통 받는 사람들이 있다. 단순히 순간적인 두려움이나 어려운 상황으로 인해 발생한 마음의 무언가가 아니라 이처럼 심신을 쇠약하게 하는 만성적인 경험들이 시도 때도 없이 일어나고, 어떤 때는 한밤중에 일어나기도 한다. 미국에서만 240만 명의 사람들이 심장이 뛰고 가슴이 옥죄는 공황장애로 심장마비에 걸리거나 죽을지도 모른다는 두려움에 시달린다. 이런 증상들은 단순히 하나님을 일시적으로 불신하는 그런 문제가 아니다. 실제 공황 발작은 환자의 몸과 영혼에 영향을 준다.

공황 발작의 경험이 있는 사람들은 최고의 의료진과 기

독교 상담을 받아야 한다. 그러나 가장 훌륭한 의사들도 공황 발작의 원인이 무엇인지 다 설명하지 못한다. 그러나 강력한 영적 삶을 개발하는 것이 이런 장애와 싸울 수 있는 중요한 무기가 될 수 있다. 너무나 많은 신체적 질병들의 경우에 우리의 영이 그 해결책이 될 수 있다.

다시 싸우라

두려움이 우리의 삶에 어떻게 들어오든지 간에 우리는 마룻바닥에 뒹굴거나 죽은 척하면서 이에 반응할 수는 없다. 대신에 우리는 그것이 어디로부터 왔는지를 인지하고 이 영적인 도전에 반응해야 한다.

"하나님이 우리에게 주신 것은 두려워하는 마음이 아니요 오직 능력과 사랑과 절제하는 마음이니"라는 말씀을 기억하라(딤후 1:7). 우리 주님은 우리에게 두려움을 주시지 않으셨을 뿐만 아니라, 우리는 그분을 통해 압도하는 의심을 대항하여 싸울 힘을 다시 얻는다. 우리 삶 가운데 역사하시는 그분의 사랑으로 인해 우리는 온전해지고, 세상을 볼 수 있는 건전한 마음의 기초를 얻는다. 두려움이 우리를 다스릴 필요가 없다. 어떠한 반사적인 감정 반응도 우리의 삶을 통제해서는 안 된다.

우리가 우리의 영적 삶에 무엇을 먹이든지 그것이 우리를 사로잡을 수 있다. 우리가 두려움의 고통을 먹이면 우리는 영적인 삶에서 점점 소외되어 두려움과의 싸움에서 우리를 도울 수 있는 사람들을 거의 만나지 못하는 심각한 고립에 빠지는 위험에 처한다. 우리는 주일 아침에 교회로 달려갔다가 예배가 끝나자마자 누군가가 요즘 어떻게 지내는지 물을까 봐 두려워 교회를 뛰쳐나올지 모른다. 거짓말을 하거나 아니면 사실을 말해야 하는 가능성에 직면하면서 우리는 오히려 이 두 방안을 피하려 한다. 우리가 도망치면 우리의 영적 삶은 더욱 제한을 받는다.

그러나 두려움에 맞서서 가능한 모든 영적 도움을 받고 하나님을 신뢰하는 사람들은 완전히 다른 결과를 얻을 수 있다. 걱정 대신에 그들은 두려움을 벗고 하나님의 평강을 다시 얻을 수 있다: "주께서 심지가 견고한 자를 평강하고

> 어떠한 반사적인 감정 반응도 우리의 삶을 통제해서는 안 된다.

평강하도록 지키시리니 이는 그가 주를 신뢰함이니이다"
(사 26:3).

두려움을 극복하려면 결코 두려워하지 않으시는 그분을 붙들어야 한다. 그리고 그분께 딱 붙들어서 그분의 지혜로운 조언을 따를 때 우리는 우리의 영혼과 존재에 붙어 있는 두려움의 냄새에서 벗어날 수 있는 길을 찾기 시작할 수 있다.

두려움에 도전하려면 우리가 그리 좋아하지 않는 단어에 직면하게 된다. 그것은 순종이란 단어다. 오늘날 개인주의적인 사회에서 이 단어는 인기가 없다.

그러나 하나님을 사랑한다는 것은 그분께 순종한다는 것을 의미하며, 그분의 말씀을 따르면 의심과 두려움의 원수를 사로잡는다. 톰 마샬은 말한다: "하나님의 말씀이 우리의 삶에 권세를 갖길 원한다면 오직 한 가지 길밖에 없다. 그것은 말씀에 순종하는 것이다. 만일 성령께서 우리의 삶에 권세를 갖길 원한다면 오직 한 가지 길밖에 없다. 그것은 그분께 순종하는 것이다. 우리가 항상 두려움이나 의심, 아니면 분함의 충동에 복종한다면 우리 마음에 어

> 우리 마음에 어떤 것이 권세를 갖겠는가?

떤 것이 권세를 갖겠는가? 두려움과 의심과 분함이 권세를 갖게 될 것이다."

성경이 명령하는 대로 우리가 하나님을 두려워하고 그 분의 뜻을 구할 때 오스왈드 챔버스의 말이 도움이 된다: "하나님 경외의 놀라운 점은 하나님을 경외할 때 당신은 그 어떤 것도 두려워하지 않는다는 사실이다. 반면에 당신이 하나님을 두려워하지 않으면 당신은 다른 모든 것을 두려워하게 된다."

두려움에 대항하여 일어서라

두려움에 대항하여 일어서는 방법 중 하나는 하나님께 대한 헌신을 우리 삶에 진지하게 받아들이는 것이다. 그것은 하나님의 음성을 듣기 위하여 정기적으로 성경을 읽는 것을 의미한다. 우리가 날마다 성경을 읽고 그분과 우리의 대화가 한 문장 이상이 될 정도로 충분히 읽으면 우리는 하나님의 말씀이 우리에게 길을 보여 주는 것을 곧 알게 된다. 우리가 어떤 구절을 읽을 때 갑자기 그 말씀이 페이지에서 튀어 나와 소망과 용기를 주고 할 일을 지시해 준다.

그리고 그분의 말씀을 읽으면 읽을수록 우리는 우리에게 말씀을 주신 그분을 그만큼 더 이해하게 된다.

그러나 두려움에 대항하여 일어선다는 것은 하나님을 하루에 단지 몇 분 동안만 우리 삶의 초점으로 삼는 그 이상을 의미한다. 17세기에 프랑스 파리에 있는 카르멜 수도원의 평신도 형제였던 니콜라스 허만(Nicholas Herman)은 이에 대해 유용한 조언을 했다. 부엌에서 일하거나 수도원의 구두 수선공으로 일하면서 니콜라스는 전적으로 하나님께 집중하길 추구했다. 그가 무슨 일을 하든지 그의 생각은 구세주를 향했다. 그리고 그는 다음과 같은 사실을 발견했다: "하나님과 계속해서 대화하고 우리가 하는 모든 일을 그분께 알리는 습관을 형성하기 위해 처음에는 약간의 열심을 가지고 그분께 다가가야 한다. 그러나 얼마 안 되어 우리는 그분의 사랑으로 어렵지 않게 우리의 내면이 뜨거워지는 것을 발견한다." 니콜라스가 쓴 편지와 그가 나눈 대화를 담은 작은 책인 「하나님의 임재 연습」(Practice of the Presence of God)은 고전이 되었다. 니콜라스는 교육을 받지 않았지만 18세에 회심한 후 하나님의 진리들을 깊이 연구하였다. 하나님이 우리 삶의 중심이 되셔야 할 필요성에 대한 그의 개념들은 많은 사람들로 하여금 그분을 위해 보다 더 신실한 삶을 살 수 있도록 도와주었다.

우리는 수도원에서 사는 것처럼 살 수 없지만, 직장에서 일상의 업무를 하면서 하나님께서 우리로 어떻게 행동하고 어떻게 우리의 일을 하며 다른 사람들을 어떻게 대하길 원하시는지를 생각할 수 있다. 우리는 여기저기 움직이고 이런저런 일을 하면서 잽싸게 기도를 올려 드리거나 우리 주님의 위대하심을 숙고할 수 있다. 우리가 하나님을 우리 삶의 중심으로 삼으면 삼을수록 그만큼 더 우리 안의 두려움은 작아질 것이다.

두려움이 공격하기 시작할 때 우리는 우리의 의심을 하나님께 넘겨 드리고 우리의 생각을 단호하게 바꿀 수 있다. 성경과 기도에 초점을 맞춤으로써 우리는 생각을 다른 방향으로 돌릴 수 있다. 우리가 다른 사람들을 도울 방법들을 생각하면 우리는 의심을 우리 주님을 위한 행동으로 바꾼다.

우리가 하나님을 우리 삶의 중심으로 삼으면 삼을수록 그만큼 더 우리 안의 두려움은 작아질 것이다.

하나님께서 우리 삶에서 제대로 좌정하실 때 그분 앞에서 어떤 두려움이 설 수 있겠는가?

≫≫ 묵상의 시간 ≪≪

우리가 하나님을 신뢰할 때 그것은 우리가 두려움을 다루는 방법에 어떤 영향을 미치는가?

지금 당장 하나님께 올려 드릴 수 있는 일상의 두려움들은 어떤 것인가?

두려움이 우리 삶을 붙들고 있는 것을 줄이는 데 사용할 수 있는 다른 영적 도구들은 무엇인가?

제가 두렵고 힘들 때 하나님은 어디 계시나요?

제가 하나님을 두려워할 때 하나님은 어디 계시나요?

2

대저 여호와께서 그 사랑하시는 자를 징계하시기를
마치 아비가 그 기뻐하는 아들을 징계함 같이 하시느니라

_잠 3:12

만일 하나님께서 우리를 그렇게 사랑하시고 우리가 도움을 청하러 그분에게 오길 원하신다면 두려움의 문제에 대한 해결책은 쉬워야 한다. 그렇지 않은가? 우리가 간단하게 도움의 기도를 하면 모든 것이 끝나야 한다.

완전한 세계에선 이런 식으로 작동할 것이 분명하다. 우리는 예수님의 사랑을 말해 주고, 우리로 그분의 도움을 구하라고 명령하는 성경 말씀을 읽고 그렇게 한다. 두려움이 다시 공격할 때 우리는 우리 구주의 손을 붙잡고 그분께서 우리를 인도하셔서 우리의 영적 고통을 통과하도록 허락한다.

그러나 우리가 쳐다보지도 않았는데 두려움이 엄습할 때가 많다. 우리가 두려움을 알기도 전에 먼저 우리 자신의 불안에 사로잡힌다. 그리고 그 때에는 예수님의 이름을 부를 생각조차 고통스럽다. 하나님께서 여전히 나의 간구를 들으실까?라고 우리는 의아해한다. 그분께서 돌보실까?

우리에게 그분의 도움을 구하라고 초청하시는 그분을 신뢰하는 대신에 우리는 구하기조차 두려워한다. 결국 그분께서는 우리의 죄를 심판하시는 그 동일한 하나님이 아니신가? 그리고 우리는 그분이 요구하시는 것들에 아직도 한참 모자라지 않은가? "살아 계신 하나님의 손에 빠져 들어가는 것이 무서울진저"(히 10:31)라는 말씀을 인지할 때 우리는 우리를 가장 열심히 돕고 싶어 하시는 구세주와 거리를 두고 있는 우리 자신을 발견한다.

하나님께 다가가라

이런 사실을 그렇게 분명하게 생각하지 못하고 위의 성경 말씀을 마음에 두지 않는다 할지라도 우리는 거의 자연스럽게 의심을 가지고 반응하는 것처럼 보인다. 실제로 우리는 두려움을 가지고 하나님께 다가가기가 어렵다는 것을 발견할 때가 많다.

우리가 반응하는 방식은 우리가 하나님을 어떻게 보느

냐에 달려 있다. 그리고 그것은 우리의 영적 배경에 기초할 때가 많다. 자신에게 나는 하나님을 어떤 분으로 보는가?라고 질문해 보라. 하나님을 볼 때 당신은 그분을 주로 심판주로 보는가 아니면 구세주로 보는가? 그분을 자신의 삶을 심판하시는 심판주로 보는 사람은 두려움이 엄습할 때 하나님께 다가가기가 더 어려울 것 같다.

우리는 두려움을 가지고 하나님께 다가가기가 어렵다는 것을 발견할 때가 많다.

그러나 이사야 선지자는 하나님의 사람들에게 다음과 같이 약속했다.

> "그러나 나의 종 너 이스라엘아 내가 택한 야곱아 나의 벗 아브라함의 자손아 내가 땅 끝에서부터 너를 붙들며 땅 모퉁이에서부터 너를 부르고 네게 이르기를 너는 나의 종이라 내가 너를 택하고 싫어하여 버리지 아니하였다 하였노라 두려워하지 말라 내가 너와 함께 함이라 놀라지 말라 나는 네 하나님이 됨이라 내가 너를 굳세게 하리라 참으로 너를 도

와 주리라 참으로 나의 의로운 오른손으로 너를 붙들리라 보라 네게 노하던 자들이 수치와 욕을 당할 것이요 너와 다투는 자들이 아무것도 아닌 것 같이 될 것이며 멸망할 것이라 네가 찾아도 너와 싸우던 자들을 만나지 못할 것이요 너를 치는 자들은 아무것도 아닌 것 같고 허무한 것 같이 되리니"(사 41:8~12).

또한 두려워하는 그리스도인들은 하나님의 자기 백성을 향한 깊은 사랑을 보여 주는 다음 구절에 초점을 맞춰야 한다.

"누구든지 예수를 하나님의 아들이라 시인하면 하나님이 그의 안에 거하시고 그도 하나님 안에 거하느니라 하나님이 우리를 사랑하시는 사랑을 우리가 알고 믿었노니 하나님은 사랑이시라 사랑 안에 거하는 자는 하나님 안에 거하고 하나님도 그의 안에 거하시느니라 이로써 사랑이 우리에게 온전히 이루어진 것은 우리로 심판 날에 담대함을 가지게 하려 함이니 주께서 그러하심과 같이 우리도 이 세상에서 그러하니라 사랑 안에 두려움이 없고 온전한 사랑이 두려움을 내쫓나니 두려움에는 형벌이 있음이라 두려워하는 자는 사랑 안에서 온전히 이루지 못하였느니라 우리가 사랑함은 그가 먼저 우리를 사랑하셨음이라"(요일 4:15~19).

우리가 우리의 죄를 고백하고 예수님을 믿기 때문에 하나님 안에 거하면 우리는 그분의 심판을 두려워할 필요가 없다. 예수님께서 우리를 위해 심판을 가져가셨기에 우리는 그분 안에서 안전하다.

그러나 우리 구세주께서 우리를 깊이 사랑하신다는 확신을 가진 우리 가운데 어떤 이들조차 하나님과 완전히 운명을 같이하기를 망설일지 모른다. 우리가 그분께 다가가야 할 때 우리는 더 나쁜 질문을 스스로에게 하기 시작할지 모른다. 그것은 그분의 무서운 손아귀에 빠지거나 우리에게 너무나 친숙한 세상의 두려운 위험들을 경험하게 될지 모른다는 질문이다. 우리는 우리의 두려움을 좋아하지 않

지만, 그 두려움이 우리에게 요구하는 것
이 무엇인지는 최소한 안다.

우리는 우리의
두려움을 좋아하
지 않지만, 그 두
려움이 우리에게
요구하는 것이
무엇인지는 최소
한 안다.

  우리가 우리 자신을 하나님의 손에 맡
기면 결국 우리는 우리가 그리 좋아하지
않는 곳이나, 아니면 고통스럽게 하나님
께 순종해야 하는 그런 자리에 서게 되는
걸까? 아마도 하나님께서는 우리가 우리
의 재정에 대해 걱정하는 대신에 오히려
그것에 대해 책임을 지길 기대하실지 모른다. 그리고 그것
은 우리가 좋아하는 취미생활에 참여할 수 없다는 것을 의
미할 수도 있다. 아니면 우리가 오랫동안 싫어했던 동료
교인을 용서해야 하는 것일 수도 있다. 하나님께 돌아가는
것이 분명 가장 훌륭한 해결책이지만 항상 장밋빛 길은 아
니다.

하나님을 두려워하고 사랑하라

  예수님을 따르는 것이 항상 쉽지는 않다. 왜냐하면 우리
가 그분을 많이 사랑하지만 C. S. 루이스의 말처럼 "그분은

길들여진 사자가 아니시라는 것"을 알기 때문이다. 우리는 그분께서 우리가 회피하고 싶어 하는 도전을 결코 직면하지 않게 하시리라 믿어선 안 된다. 이는 예수님께서 우리를 많이 사랑하시지만 장기적인 면에서 우리 삶에 유익한 것을 바라보시기 때문이다. 시련을 통해 우리가 영적으로 더 강해진다면 그분께서는 개입하셔서 그 시련을 모두 가져가지 않으실 것이다. 자식이 고난을 피하도록 도우려고 하는 이 땅의 많은 부모들과 달리 하나님은 우리 삶에서 약간의 고통을 허용하시는 강인한 부모이시다. 그분은 장기적인 면에서 이렇게 하는 것이 유익하다는 것을 아신다. 아마 그래서 우리 모두는 여전히 우리의 하늘 아버지를 약간 두려워하는 것 같다.

그러나 성경이 우리가 그분을 마땅히 두려워해야 한다고 말하고 있지 않은가?

그렇다. 성경은 두려움을 하나님의 위대한 능력과 심판에 대한 합당한 반응으로 자주 묘사한다. 예를 들어, 이사야 13장 1~9절은 주의 날과 그 날에 바벨론에 가져올 공포(terror)를 묘사한다. 그러나 마지막 절은 다음과 같이 말한

다: "보라 여호와의 날 곧 잔혹히 분냄과 맹렬히 노하는 날이 이르러 땅을 황폐하게 하며 그 중에서 죄인들을 멸하리니." 하나님은 자기 백성을 공격하지 않으시고 그분을 결코 받아들이지 않는 자들을 공격하신다. 이 죄인들은 그분의 권위를 결코 인정하지 않으며, 도움을 구하러 그분에게 돌아가지 않을 것이다. 그분은 그들에게 다가가셨지만 그들은 그분을 거절하고 다른 신들을 좇았다. 그래서 진노는 그분의 합당한 반응이었다.

그러나 하나님을 사랑하는 자들과 관련하여 성경이 묘사하는 두려움은 완전히 다르다. 하나님은 회개하며 하나님께 돌아온 자들에게 두려움 가운데 그분에게서 도망치지 말고 오히려 그분에게 오라고 부탁하신다. 하나님을 경외함에 그 기초를 둔 신자의 두려움은 긍정적이며 유익을 가져다준다: "여호와를 경외하는 자에게는 견고한 의뢰가 있나니 그 자녀들에게 피난처가 있으리라 여호와를 경외하는 것은 생명의 샘이니 사망의 그물에서 벗어나

하나님을 경외함에 그 기초를 둔 신자의 두려움은 긍정적이며 유익을 가져다준다.

게 하느니라"(잠 14:26~27).

이러한 감정은 우리가 하나님을 사랑한다는 것을 드러내는 적절한 경외심이며, 이로 인해 우리는 그분의 뜻을 구하고 그분께 순종한다: "여호와를 경외하는 것이 지혜의 근본이요 거룩하신 자를 아는 것이 명철이니라"(잠 9:10).

그렇다면 왜 많은 신자들이 이처럼 놀랍게 하나님을 아는 경험을 하고 있지 못하는가? 아마도 그것은 그들이 그분의 성품과 그분이 우리에 대해 가지고 계신 사랑을 이해하지 못하기 때문이 아닐까 싶다. 많은 그리스도인들이 예수님과는 관계를 잘 맺지만 아버지 하나님에 대해서는 그분의 사랑에 대해 더 많이 확신하지 못하는 것 같다. 결국 그들은 하나님 아버지는 우리를 심판하시는 분이고, 예수님은 우리를 구원하시는 분이 아닌가 하고 의구심을 갖는다. 언제라도 징벌하실 수 있다고 생각하는데 어떻게 그런 분에게 가까이 갈 수 있겠는가?

이러한 관점을 가지고 있다면 하나님을 오해한 것이다. 아버지 하나님과 예수님은 인격이나 영에 있어서 분리되지 않으셨다. 예수님은 "나와 아버지는 하나이니라"고 선언하셨다(요 10:30). 그러므로 아들 하나님을 사랑하는 자는 우리를 구원하기 위해 아들을 보내신 아버지 하나님께 사랑을 받는다. 자기 백성을 사랑하시는 데 있어서 아버지와 아들의 사랑에는 차이가 없다. 예수님은 사역 중에 이를 반복해서 증거하셨다.

"나의 계명을 지키는 자라야 나를 사랑하는 자니 나를 사랑하는 자는 내 아버지께 사랑을 받을 것이요 나도 그를 사랑하여 그에게 나를 나타내리라"(요 14:21).

"예수께서 대답하여 이르시되 사람이 나를 사랑하면 내 말을 지키리니 내 아버지께서 그를 사랑하실 것이요 우리가 그에게 가서 거처를 그와 함께 하리라"(요 14:23).

"이는 너희가 나를 사랑하고 또 내가 하나님께로부터 온 줄 믿었으므로 아버지께서 친히 너희를 사랑하심이라"(요 16:27).

"보라 아버지께서 어떠한 사랑을 우리에게 베푸사
하나님의 자녀라 일컬음을 받게 하셨는가, 우리가
그러하도다 그러므로 세상이 우리를 알지 못함은
그를 알지 못함이라"(요일 3:1).

세상을 구원하시는 사랑은 아버지 하나님의 아이디어였
으며, 인류가 타락했을 때 우리에게 임한 모든 질병을 치료
해 주고 싶어 하시는 그분의 갈망의 절정이었다. 우리를 향
하신 아버지 하나님의 사랑의 실체를 붙들 수 있다면 우리
는 우리가 참으로 사랑받는 자이며, 더 이상 그분의 징벌을
두려워하지 않아도 됨을 확신하게 된다.

그러나 이처럼 강력한 사랑이라 할지라도 우리 하늘 아
버지는 우리가 그분을 함부로 대하길 허락하지 않으신다:
"대저 여호와께서 그 사랑하시는 자를 징계하시기를 마치
아비가 그 기뻐하는 아들을 징계함 같이 하시느니라"(잠
3:12). 아버지는 자녀의 진보에 책임이 있다. 그래서 하나님

은 여기 이 땅에서 도전들에 직면하는 일에 있어서 언제나 우리를 항상 보호해 주시진 않으신다.

하나님은 이 땅에서 모든 갈등을 피하도록 허락하진 않으시지만 훨씬 더 좋은 것을 약속하신다. 그분은 우리가 어떤 일을 만나도 우리와 동행하실 것이다. 우리의 삶에서 그분과 상관이 없는 일은 하나도 없다. 하나님께서 그의 거처를 그리스도인과 함께하셨다는 사실을 기억하라(요 14:23). 그러므로 우리가 경험하는 것을 그분 또한 우리 안에 거하시는 성령님을 통해 경험하신다.

우리가 그분을 두려워할 때 하나님은 어디 계신가? 그분은 우리와 동행하시며 우리 마음을 그분에게 향하게 하시고, 우리가 허락하기만 한다면 모든 면에서 우리를 사랑하신다. 그분께서 그분의 양 팔을 벌려 우리를 환영해 주시고 모든 시련 가운데 우리를 도와주고 싶어 하실 때 우리 구세주를 떠나지 말자. 영민한 워렌 위어스비는 이렇게 말한다: "하나님의 뜻(will)은 하나님의 마음(heart)에서 나오며, 또한 우리가

> 우리 구세주는 모든 시련 가운데 우리를 도와주고 싶어 하신다.

두려워할 필요가 없다는 사실을 자신에게 일깨우는 것은 유익하다."

신자로서 우리는 하나님을 두려워해야 하는가? 하나님을 두려워하는 것이 그분과 우리의 관계에 어떤 영향을 미치는가?

징벌을 두려워하게 되면 그 두려움으로 인해 하나님께 나아가려는 우리의 결단은 어떤 영향을 받는가?

사람들이 저를 실망시키고
아프게 할 때
하나님은 어디 계시나요?

3

여호와는 내 편이시라 내가 두려워하지 아니하리니

_시 118:6

당신이 이 세상에서 하루 이상 살았다면 누군가가 당신의 기분을 상하게 하거나 상처를 주었을 확률이 높다. 그것은 하나님은 완전하시지만 사람들은 그렇지 못하기 때문이다. 그리고 우리와 가장 가까운 자인 가족과 가장 친한 친구들과 천국까지 함께 걸어갈 영적 동지들이 우리에게 가장 큰 상처를 주었을 수 있다. 왜냐하면 그들이 우리 마음의 가장 부드러운 부분들을 건드리기 때문이다.

그러나 실망은 거기서 멈추지 않는다. 또한 우리는 가장 사랑하는 자들에게 상처를 준다. 왜냐하면 우리도 그들 마음의 가장 섬세한 부분들을 건드리기 때문이다. 그리고 마음이 아플 때 사람들은 그렇지 않았을 땐 결코 하지 않았을 거친 말을 한다. 우리가 용서를 추구하지 않으면 그런 상처들은 오랜 세월 동안 지속될 수 있다. 그래서 우리는 사람

들을 깨지기 쉬운 물건처럼 다루어야 함을 언제나 기억해
야 한다. 왜냐하면 그들 모두는 쉽게 깨질 수 있는 마음을
가지고 있기 때문이다.

다른 사람들을 부드럽게 대하라

우리가 이 생각을 얼마나 즐거워하든 상관없이 하나님
은 우리가 이 땅에서 그분의 대표자(representatives)임을 분명
히 하셨다. 그리고 이 역할을 가지고 우리는 그분을 대신해
세상의 선한 증인이 되어야 할 책임을 지니고 있다.

사도 바울은 하나님과 인간 사이에서 우리가 가지고 있
는 역할을 다음과 같이 기술했다.

> "곧 하나님께서 그리스도 안에 계시사 세상을 자기
> 와 화목하게 하시며 그들의 죄를 그들에게 돌리지
> 아니하시고 화목하게 하는 말씀을 우리에게 부탁하
> 셨느니라 그러므로 우리가 그리스도를 대신하여 사
> 신이 되어 하나님이 우리를 통하여 너희를 권면하
> 시는 것 같이 그리스도를 대신하여 간청하노니 너

희는 하나님과 화목하라 하나님이 죄를 알지도 못하신 이를 우리를 대신하여 죄로 삼으신 것은 우리로 하여금 그 안에서 하나님의 의가 되게 하려 하심이라"(고후 5:19~21).

예수님께서도 동료 신자들과 사랑 안에서 관계를 맺으라고 우리를 부르셨다: "새 계명을 너희에게 주노니 서로 사랑하라 내가 너희를 사랑한 것 같이 너희도 서로 사랑하라 너희가 서로 사랑하면 이로써 모든 사람이 너희가 내 제자인 줄 알리라"(요 13:34~35). 우리가 사람들의 마음을 불필요하게 상하게 하고 그들에게 심한 말을 하거나 그들을 함부로 대할 때 어떻게 그들을 하나님께로 불러 인도할 수 있는가? 그럴 때 그들은 우리 주님이 전달하고 싶어 하시는 메시지를 거의 얻지 못할 것이다. 대신에 그들은 그분을 거칠고 악한 주인으로, 그들과 아무런 상관이 없는 분이나 아니면 우리를 위선자로 볼 것이며, 본래 하나님이 의도하신 그리스도인의 모습과는 다른 나쁜 모습으로 볼 것이다. 그래서 우리가 행하고 말하는 모든 것이 하나님께 그렇게 중요한 것이다. 그리고 선한 말과 행동을 다른 사람에게 보이는 것과 그런 말과 행동을 받는 것 모두가 동일하게 하나님께 중요하다.

> 하나님을 위해 일관성 있게 사는 것은 우리가 그분을 위해 하는 것들 중에 가장 어려운 일이다.

하나님을 위해 일관성 있게 사는 것은 우리가 그분을 위해 하는 것들 중에 가장 어려운 일이다. 우리가 하나님 안에서 더 깊이 자라 가면서 여러 가지 실적을 올릴 수는 있지만, 다른 사람들을 사랑하는 것은 언제나 도전되는 일이다. 왜냐하면 죄가 모든 사람에게 영향을 미치고, 우리 모두는 다른 사람보다는 우리 자신을 구하는 경향이 있기 때문이다.

하나님은 우리에게 행할 수 있는 능력을 주시지 않으신 채 무언가를 하라고 명령하지 않으신다. 그래서 우리는 이런 도전을 우리만 받은 것이 아님을 안다. 믿음 안에서 자라 가면서 우리는 우리 자신이 보다 더 일관성 있게 사랑할 수 있음을 발견한다. 왜냐하면 성령께서 우리 마음과 생각에 역사하시기 때문이다: "형제 사랑에 관하여는 너희에게 쓸 것이 없음은 너희들 자신이 하나님의 가르치심을 받아 서로 사랑함이라"(살전 4:9). 우리가 구세주 아래에서 공부하면 우리는 보다 더 신실한 그리스도인이 된다. 비록 우리가 모든 명령에 완벽하게 순종하지는 못하지만, 우리의 삶은 새로운 형태를 띠고 우리를 향하신 그분의 사랑을 반사하고 싶은 갈망을 더 많이 가지게 된다.

아마 그래서 성장하는 그리스도인으로서 우리는 누군가가 우리를 실망시킬 때 특히 마음이 어려워질 수 있다. 구원받지 못한 가족이든 동료 교인이든 누군가가 우리를 친절하게 대해 줘야 할 필요성을 인식하지 못할 때 우리의 부드러운 마음은 쉽게 찢어질 수 있다. 믿음으로 인해 부드러워진 우리의 마음은 예수님을 알기 전에 가졌던 마음보다 더 상처를 받을지 모른다.

다른 사람들이 우리에게 상처를 줄 때

마음의 고통 때문에 사람들은 상어처럼 서로를 공격할 수 있다. 감정 때문에 우리는 쉽게 야비하게 행동할 수 있다. 그러나 서로 사랑하라는 하나님의 부르심으로 인해 누

하나님은 그분
께서 우리를 용
서하신 것처럼
우리가 용서하
며 살기를 요구
하신다.

군가가 우리에게 잘못을 행했을 때 그것
으로 끝나서는 안 된다. 참으로 그럴 때
가 하나님께서 우리의 삶을 통해 그분의
최선을 행하실 수 있는 바로 그 때일 수
있다. 누가 우리에게 상처를 주었는지 혹
은 왜 상처를 주었는지 하는 것은 중요하
지 않다. 하나님은 그분께서 우리를 용서

하신 것처럼 우리가 용서하며 살기를 요구하신다: "서로
친절하게 하며 불쌍히 여기며 서로 용서하기를 하나님이
그리스도 안에서 너희를 용서하심과 같이 하라"(엡 4:32). 우
리의 마음과 생각이 이렇게 할 수 있으려면 시간과 노력이
필요할 것이다. 하지만 매일의 삶에서 우리는 하나님의 은
혜 아래에서 용서 가운데 자라야 한다.

　요셉의 형제들이 그에게 행한 잘못들을 생각해 보라. 성
경은 어린 요셉이 완벽과 먼 사람임을 분명히 말한다. 더
지혜로운 사람이었다면 자기의 꿈을 형들과 나누는 방법
에 있어서 주의했을 것이다. 요셉이 형들을 통치할 것이라
는 말을 듣고서 기뻐할 형들은 분명 아니었다. 요셉은 하나

님이 계시하신 대로 진리를 말했을 뿐이지만, 그는 다소 생각 없이 그리 했다.

만일 그가 그의 말로 자기 형들과 심지어 그의 부모들이 어떻게 상처를 받을 것인지를 고려했다면 그의 인생이 얼마나 더 좋았을 것인가!

화가 난 요셉의 형들이 이 건방진 동생을 그들의 삶에서 즉각 제거하기로 결정하고 그를 노예로 팔았을 때 그것은 분명 하나님의 뜻에 어긋난 것이었다. 이기적이게도 그들은 짜증나는 동생의 삶을 영원히 파괴하기로 했다. 하지만 이 가족이 제공하는 최고의 악에도 불구하고 하나님은 여전히 요셉의 삶에 역사하셨다.

우리 중에 다른 이들과의 거친 관계를 가진 사람들이 많다. 요셉의 경우보다 더 해로운 경우는 많지 않아 보인다. 그러나 요셉과 상처를 준 형들은 여전히 우리 삶에서 사람들이 준 상처에 어떻게 반응해야 하는지를 배울 수 있도록 도와준다. 결국 아픈 경험들이 있다 할지라도 우리 중에 동시에 거의 열 명의 형제에게 배신을 당한 자는 없다.

노예로서 수년 동안 고통을 받고 이방인의 주인을 위해

열심히 일한 후에 요셉은 애굽의 이인자가 되었다. 우리는 우리에게 상처를 준 사람들의 삶을 끝낼 능력이 있다 할지라도 요셉만큼 높은 지위에 오를 것 같지 않다. 하지만 우리는 애굽의 이인자처럼 결단해야 할 때가 이를 것이 거의 확실하다. 즉 우리는 용서할 것인가 아니면 영원히 원한을 품을 것인가?

우리는 용서할 것인가 아니면 영원히 원한을 품을 것인가?

아마도 그의 형제들이 오랫동안 떨어져 있으면서 과거의 죄에 대해 다른 견해를 가진 것은 당연한 일일지 모른다. 요셉은 지혜롭게 반응했다. 그는 성급히 형제들을 판단하지도 않았으며 과거의 불행을 무시하지도 않았다. 아마도 하나님께서 새로운 땅에서 그를 번성하게 하셨기에 요셉은 두 번째 기회의 중요성을 이해했을지 모른다. 그는 자기 형제들을 시험하고 그들이 그를 억지로 노예로 판 것이 얼마나 잘못되었는지를 깨달았는지 알아보기로 결정했다. 기회가 주어지면 그들이 범죄를 반복할 것인가? 그래서 요셉은 자기의 이복형들이 막내를 배신하는지 안 하는지를 알아보기 위해 그의 친

형제 베냐민을 택했다.

요셉은 이복형들이 그에게 저지른 배신의 말과 행동을 모두 기억했다. 그는 세월이 지나면서 그 원한을 키울 수 있었다. 하지만 이러한 태도를 지닌 자가 하나님의 번성케 하심으로 그렇게 많이 번성케 될 가능성은 없어 보인다(창 39:2). 자기에게 잘못을 행한 자들의 마음을 들여다보고 기록을 바로잡을 기회가 여전히 요셉에게 있었다. 그래서 요셉은 자기 종들에게 베냐민의 곡식 자루에 컵을 하나 넣게 하고서 막내 동생을 절도죄로 고발했다.

그의 이복형제들이 베냐민을 변호하려 나설 때 억울한 요셉은 기뻐해야 할지 슬퍼해야 할지 의아해했을지 모른다. 하지만 성경은 요셉이 그가 할 수 있었던 복수를 정말 원했는지 말하지 않는다. 대신에 그는 자기의 형제들에게 부드럽게 말하고 자신이 이 모든 가정의 격동 배후에 존재하는 하나님의 목적을 이해하기 시작했음을 보여 주었다: "하나님이 큰 구원으로 당신들의 생명을 보존하고 당신들의 후손을 세상에 두시려고 나를 당신들보다 먼저 보내셨나니 그런즉 나를 이리로 보낸 이는 당신들이 아니요 하나님이시라 하나님이 나를 바로에게 아버지로 삼으시고 그 온 집의 주로 삼으시며 애굽 온 땅의 통치자로 삼으셨나이 다" (창 45:7~8).

요셉은 자기 형제들에게 그들이 자기를 노예로 판 것이 옳은 일이었다고 말하지 않았다. 그건 사실이 아니었다. 대 신에 그는 하나님의 뜻에 자신의 뜻을 맞췄다. 그리고 애굽 의 이인자로서 자기 형제들이 자신을 노 예로 판 것을 용납할 수 없는 자리에서 그 는 하나님의 더 크신 섭리로 그것이 하나 님으로부터 온 것임을 인정할 수 있었다. 한 사람의 끔찍한 상황을 통해 하나님은 이스라엘의 모든 사람들을 축복하셨다.

한 사람의 끔찍 한 상황을 통해 하나님은 이스 라엘의 모든 사 람들을 축복하 셨다.

창세기 50장 15~21절의 흥미로운 이 야기는 그 형제들이 그들이 저지른 잘못과 그에 대한 죄책 감을 얼마나 오랫동안 마음에 품었는지를 보여 준다. 그들 의 아버지인 야곱이 죽었을 때 형제들은 요셉이 마침내 그 들에게 복수를 할까 두려워하여 그에게 그들을 용서하는 것이 아버지의 소원이었다고 말했다. 그런 뒤에 그들은 자신들이 후회한다고 말하고 그의 종이 될 것을 제안했다. 요셉은 그들에게 이미 한 말을 재차 말했다. 그는 하나님께서 이 모든 것을 통해 선을 이루셨다고 말했다. 그런 후에 그는 형제들과 그의 가족들을 돌봐 주겠다고 제안했다. 요셉의 용서는 넓고 깊었다. 우리의 용서도 그러해야 한다.

우리 삶 가운데 끔찍한 상황들이 벌어지고 있는가? 그 가운데 최소한 몇 가지는 우리를 사랑하는 사람들이 일으킨 것인가? 그렇다.

그렇다면 이런 상황들이 하나님께서 구원하실 수 없을 정도로 너무 어렵고 불가능한가? 아니다. 그분은 온 피조 세계를 다스리신다. 당신의 사랑하는 자가 피조 세계 밖에 사는가? 아니면 하나님보다 더 큰 존재인가? 아니다. 이는 당신에게 해를 입힐 수 있는 이 세상 모든 사람들을 하나님이 다스리신다는 것을 의미한다. 그리고 당신이 그분을 따르고 그분의 길로 행하기만 하면 그분은 당신에게 가한 어떤 해도 교정할 수 있으시다.

하나님의 구조는 바로 오지 않을지 모른다. 아마도 요셉

하나님의 구조는
바로 오지 않을
지 모른다.

의 경우처럼 많은 시간이 걸릴지 모르지만, 그분을 따르기만 하면 순종의 선한 열매들이 나타난다는 사실을 의지할수 있다. 이 땅에서 일이 제대로 이루어지는 것을 볼 수도있고, 아니면 영원에서 모든 것이 심판을 받을 때까지 기다려야 할지 모른다. 그러나 하나님은 당신의 상황을 잊지 않으실 것이다. "참새 두 마리가 한 앗사리온에 팔리지 않느냐"라고 예수님께서 제자들에게 물으셨다. 그런 뒤에 그분께서 약속하셨다: "그러나 너희 아버지께서 허락하지 아니하시면 그 하나도 땅에 떨어지지 아니하리라 너희에게는 머리털까지 다 세신 바 되었나니"(마 10:29~30). 만일 하나님께서 우리의 머리털까지 세셨다면, 우리와 다른 사람들과의 모든 일들에 대한 더 많은 것을 알고 계시지 않겠는가? 그분이 모르시는 것은 아무것도 없다.

다른 사람들이 우리를 실망시킬 때 하나님은 멀리 계시지 않다. 만일 우리가 그분의 말씀을 연구하는 데 신실하다면 우리는 그분께서 우리가 사랑과 용서로 반응하길 원하신다는 것을 안다. 그러나 때로 가장 훌륭한 그리스도인이라 할지라도 화를 내고 그리스도의 사랑을 담지 않은 말을 할 때가 있다. 이때 우리는 가능한 한 빨리 그리스도와 우리가 잘못한 사람에게 우리의 잘못을 고백해야 한다.

만일 우리가 우리의 잘못을 급히 인정하고 이를 재빨리 처리하면 우리의 삶은 훨씬 더 평화롭고 성령의 축복들로 가득할 것이다. '그가 나에게 이렇게 했지' 혹은 '그녀가 나에 대해 그런 말을 했군' 하면서 이를 오랫동안 마음에 품으면 하나님께 영광이 되지 않고, 우리의 삶은 복을 받지 못할 것이다.

그리스도인이 된다는 것은 우리와 다른 사람들을 용서한다는 뜻이다. 우리 각 사람은 용서 가운데 살고 움직인다. 왜냐하면 예수님께서는 우리의 가장 깊은 죄들을 용서하셨고, 우리로 그분의 모범을 따르도록 부르시기 때문이다. 용서하기가 어렵지만 그것은 우리 자신과 서로 그리고 우리 주님과 평화를 누리는 길이다.

우리가 하나님을 두려워할 때 우리는 결코 다른 사람을 두려워해서는 안 된다(시 118:6, 사 51:7, 마 10:28). 우리 자신을 그분의 손에 맡김으로써 우리는 미래와 관계에 있어서 안정감을 소유한다. 다른 사람들이 우리를 대항해서 음모를 꾸

미거나 잔인한 말을 한다 할지라도 하나님은 우리 곁에 서서 격려하시고 도우신다.

> "여호와는 내 편이시라 내가 두려워하지 아니하리니"(시 118:6).

그렇다고 하나님께서 우리의 모든 관계를 순식간에 부드럽게 해 주신다는 뜻은 아니다. 하지만 우리가 우리 자신을 그분의 손에 맡길 때 우리는 그분께서 우리의 삶과 타인의 삶에 지금 역사하시고 계시다는 사실을 안다. 그때 우리는 시편 기자와 함께 다음과 같이 증언할 수 있다: "여호와는 내 편이시라 내가 두려워하지 아니하리니"(시 118:6).

⟫⟫⟫ 묵상의 시간 ⟪⟪⟪

다른 사람들에 대한 우리의 행동이 하나님에 대해 그들이 느끼는 방식
에 어떤 영향을 미치는가?

우리가 용서하면서 살 때 그것이 우리와 다른 사람들과의 관계에 어떤
영향을 미치는가? 우리와 하나님과의 관계에는 또한 어떤 영향을 미치
는가?

제가 저의 가족 때문에 두려워할 때 하나님은 어디 계시나요?

4

주께서 심지가 견고한 자를 평강하고 평강하도록 지키시리니
이는 그가 주를 신뢰함이니이다
_사 26:3

다른 사람을 사랑하는 것 안에는 깊은 위험이 내포되어 있다. 우리가 더 많이 돌보면 돌볼수록 일이 잘못되면 우리는 그만큼 더 쉽게 상처를 받는다. 이 문제를 회피하기 위해 다른 사람을 너무 깊이 돌보길 회피하는 사람들이 많다. 왜냐하면 그들은 상실과 함께 오는 고통을 두려워하기 때문이다.

하나님은 사람들에게 다른 사람이 필요하다는 사실을 아주 오래전, 즉 아담이 에덴동산에 혼자 있었을 때 아셨다. 하나님이 창조하신 동물들은 훌륭했지만 그들은 아담의 마음을 시원하게 해 주지 못했다. 그래서 하나님은 또 다른 사람을 만드셔서 그 사람과 사귀게 하셨다. 그분께서는 아담을 잠들게 하시고 갈비뼈를 꺼내어 그것으로 그가 사랑할 여자를 지으셨다. 하와는 단순히 섹스 파트너로 고

안되지 않았다. 그녀는 "돕는 배필"로 묘사된다(창 2:23). 하나님께서는 두 사람, 즉 남자와 여자가 함께 살면서 서로를 돕도록 고안하셨다. 그들은 하나님과 다른 이들, 그리고 서로를 섬기는 하나님이 만드신 팀(team)으로 지음을 받았다. 삶이 힘들 때 두 사람은 짐을 함께 지도록 되어 있다.

이렇게 세워진 가정에서 자녀가 태어났으며, 그들은 하나님을 사랑하고 다른 사람들을 섬기는 것이 무슨 의미인지를 그들의 부모에게서 직접 배워야 했다. 하나님은 이 이야기가 세대에서 세대를 거쳐 계속되게 하셨다.

완전한 세상에서 이것은 축복의 레시피일 것이다. 그러나 다시 말하지만 우리 가운데 가장 훌륭한 사람이라 할지라도 완전하지 않다. 서로 돕는 대신에 우리는 가족에게 상처를 주고 가족도 우리에게 상처를 준다. 때로 우리는 서로에게 너무나 심한 상처를 줘서 결코 치유될 수 없다고 생각한다. 그러나 하나님께서 우리의 삶 가운데 역사하실 때, 그리고 우리가 자신에 대한 변명을 멈추고 하나님께서 고안하신 방식대로 가정생활을 하기로 함께 결단한다면 어떤 트라우마도 회복될 수 있으며, 어떤 상처도 용서할 수 있다는 것은 놀랍기만 하다.

이와 같은 역사들이 일어나기 위해서 우리는 하나님께서 가족에 대해 무슨 마음을 가지고 계신지를 알아야 한다. 우리가 하나님의 말씀을 공부하면 우리는 경건한 삶에 대해 실제적인 조언을 풍성하게 거둘 수 있다. 그리고 다른 사람들과 조화롭게 사는 법에 관한 일반적인 말씀이 많은 부분에 있어서 우리 가정에도 완벽하게 적용된다. 이런 조언을 따르면 우리는 집 안팎에서 관계에 능숙해질 수 있다.

하나님께서 우리의 삶 가운데 역사하실 때 어떤 상처도 용서할 수 있다는 것은 놀랍기만 하다.

그러나 가족과 친밀한 관계를 갖는다면 우리의 두려움이 더 악화되지 않겠는가? 이제 우리가 항상 갈망했던 것을 가졌으니 두려움이 열 배로 커지지 않겠는가? 모든 사람이 느끼는 최대 두려움 중 하나는 분명 생명을 잃을지 모른다는 두려움이다. 나의 배우자가 없으면 나는 어떻게 살 것인가? 라고 우리는 물을지 모른다. 학교가 갑자기 그리고 손쉽게 공격을 받는 시대에 우리는 누군가가 우리 아이를 해하면 어떡하나?라는 질문을 할지 모른다. 우리는 스스로에게 이 세상에서의 삶이 천박하다고 말할지 모른다. 생각하지 못한 일이 언제라도 일어날 수 있다. 그리고 우리가 방정식에서 하나님을 제거하면 이 모든 말이 맞을지도 모른다.

하나님께서는 아브라함을 택하셨다. 이 말에는 의심의 여지가 없다. 창조주 하나님께서는 그분의 백성이 아브라함의 가계를 통해 세워질 것을 선언하셨다. 우리 대부분은 하나님의 택하심을 받으면 인생이 편해질 것이라 생각할지 모른다. 만일 하나님께서 우리를 택하셨다면 우리는 편안한 삶을 살 것이라 생각한다. 하나님께서 모든 것을 쉽게 만들어 주실 것이기 때문에 만사가 형통할 것이라고 생각한다. 우리의 모토는 "골짜기마다 돋우어지며 산마다, 언덕마다 낮아지며 고르지 아니한 곳이 평탄하게 되며 험한 곳이 평지가 될 것이요"(사 40:4)가 될 것이다. 그러나 문제는 하나님께서는 우리 일상의 삶을 위해 이 약속을 우리에게 결코 주시지 않았다는 사실이다. 그분은 아브라함이 천국에서와 같은 멋진 삶을 살 것이라고 결코 약속하지 않으셨으며, 우리에게도 그런 약속을 결코 하지 않으신다.

아브라함이 일찍이 그 사실을 발견하지 못했다면 그는

아들을 제물로 드리라는 하나님의 부르심을 받던 날에 이를 알았을 것이다. 하나님은 "네 아들 네 사랑하는 독자 이삭을 데리고 모리아 땅으로 가서 내가 네게 일러 준 한 산 거기서 그를 번제로 드리라"라고 명령하셨다(창 22:2). 하나님께서 자기의 사람에게 이보다 더 큰 희생을 요구하실 수 있을까? 우리는 스스로에게 아브라함이 이를 견딜 수 있을까? 하나님께서 그에게 어떻게 이런 것을 요구하실 수 있을까?라고 자문한다.

아브라함은 제물로 드릴 짐승을 빼고는 희생에 필요한 모든 것을 가지고 그 산으로 간다. 그들이 도착했을 때 이삭이 제물에 대해 묻는다. 그러자 그의 아버지가 하나님께서 준비하실 것이라고 대답한다. 아브라함은 그의 주님을 알았고, 이삭이 새로운 민족을 시작할 것이라는 약속을 신뢰했다. 심지어 하나님께서 그 제물을 요구하신다 할지라도 아브라함은 하나님께서 자기 아들을 다시 살리실 수 있을 것이라 생각했다(히 11:19를 보라). 이 얼마나 놀라운 믿음인가!

이 이야기의 마지막에 하나님께서 개입하신다. 그날 수

양 한 마리가 이삭을 대신해서 죽었고, 아브라함은 그의 헌신을 분명히 표현했다.

하나님께서는 우리의 관계를 그분의 제단에 올려놓으라고 요구하실 때가 종종 있다. 우리는 갈림길을 만나면 선택을 해야 한다. 특별히 사랑하는 자에게 충성할 것인가 아니면 하나님께 충성할 것인가? 결국 가족을 위해 우리의 믿음을 포기하면 우리 자신은 비참하게 될 것이다. 세상에서 가장 훌륭한 관계라도 우리 삶에서 하나님의 자리를 차지할 수는 없다. 일단 우리가 이 시험을 통과하고서 하나님을 제1순위에 두면 그분은 우리에게 다시 새롭게 개선된 인간관계를 돌려주신다. 그러나 그분께서 그렇게 하지 않으신다 해도 우리는 그분께 가까이 나아가고 그분이 우리에게 요구하시는 더 어려운 일을 행할 힘을 얻는다. 무슨 일이 일어나든지 그분의 손을 꼭 붙들면 우리는 우리에게 불어오는 어떤 폭풍도 통과할 수 있다.

그러나 우리 이야기의 어려움은 여기서 끝나지 않을지

> 하나님께서는 우리의 관계를 그분의 제단에 올려놓으라고 요구하실 때가 종종 있다.

모른다. 시험의 고난을 통과하면서 그 어려움은 더해진다. 우리가 폭풍의 어려운 길을 뚫고 걸어가는 동안 우리는 하나님께서 우리를 버리셨다고 느낄지 모른다. 우리가 배우자나 자녀와 말다툼을 했다면 우리는 일어난 이 일에 대해 자문하고 어떻게 하나님께서 이런 분노의 폭발을 허락하셨는지 스스로에게 물어본다. 아니면 사랑하는 자가 심각한 병에 걸렸을 때 우리의 인내는 한계에 다다른 것 같고, 왜 하나님께서 기적적으로 개입하지 않으시는지 의아해한다.

우리가 관계 가운데 알았던 모든 것이 완전히 무너지는 것처럼 보이는 그 순간에도 우리는 하나님을 등질 수 없다. 대신에 우리는 하나님께서 너무나 많은 방법으로 우리에게 선을 베푸셨고, 또한 이 일에 있어서도 우리에게 선을 베푸실 것을 기억해야 한다. 우리를 위해 자기의 아들을 보내 죽게 하실 정도로 우리를 사랑하시는 그분이 우리의 모든 고통을 감면해 주지 않으실지 모르지만, 그분은 그 고통 가운데 우리와 동행하실 것이다. 만일 우리가 그분께로 돌아가 우리의 모든 염려를 그분께 맡기면 갑작스러운 평화가 우리의 영혼을 채울 것이다. 우리는 끝을 아직 모르지만, 이 모든 것을 통제하시는 그분을 믿음으로써 그분께서 우리로 실패케 하지 않으실 것을 안다. 깊은 고난 가운데 있더라도 우리가 우리의 삶을 그분의 손에 맡기면 하나님은 종종 깊은 만족이 있는 위로를 보내신다.

그러나 덜 드라마틱한 어려운 시간들, 즉 계속해서 말다툼하거나 미래가 혼란스러워 시달리는 날들은 어찌할 것인가?

더 이상 견딜 수 없다고 생각될 정도로 짜증나는 더 평범한 날들에도 하나님은 우리와 함께하시는가? 상황이 너무나 평범해서 하나님도 무능하게 되시지는 않았는가? 만일 당신이 성경을 읽었다면 답을 알 것이다. 하나님은 평범하고 좌절되는 날에도 전능하시다. 자녀가 학교에서 사고를 칠 때 그분께서 우리와 함께하시듯, 삶이 위태로울 때에도 동일하게 함께하신다.

> 하나님은 평범하고 좌절되는 날에도 전능하시다.

그러나 우리가 무슨 고난에 직면하든 간에 우리의 감정

은 여전히 우리와 싸우며 우리를 믿음에서 멀리 질질 끌고 간다. 이때 바로 믿음은 감정이 아니라는 사실을 기억해야 한다. 감정이란 놀라운 것이긴 하지만 우리 존재의 전부와 목적은 아니다. 감정은 우리가 날마다 직면하는 것들—스트레스와 긴장 혹은 즐거운 순간들—의 결과일 때가 많다. 그러나 우리의 감정이 주인이 되면 본말이 전도된 것이다. 감정이란 우리가 경험하는 것에 따라 들쑥날쑥하기 때문에 재앙을 부를 때가 많다. 어떤 상황에 대한 반응으로서 나타나는 감정은 괜찮지만, 주인이 되어서는 안 된다.

우리가 하나님을 믿고 우리의 모든 관계에서 그분을 신뢰하면 우리는 우리가 느끼는 그 어떤 느낌보다 훨씬 더 안정되게 누군가를 신뢰한다. 우리의 감정은 "재앙이다!"라고 우리에게 비명을 지를지 모른다. 하지만 우리가 우리 주님을 따르고 그분의 말씀을 읽고서 우리가 어떻게 행동해야 할지를 발견하고 그분이 명하신 대로 가족을 사랑하면 우리는 완전한 재앙은 면할 수 있다. 고난이 잠시 우리로 탈선하게 만들지 모르지만, 기차를 망가뜨리진 못할 것이다. 실제로 종국에 우리는 기차가 마땅히 있어야 할 자리에 있는 것을 발견하게 될 것이다. 그러나 아브라함이 발견한 것처럼 때로 그 기차는 헌신에 도달하기 위해 깊은 시련들을 통과한다.

토저(A. W. Tozer)는 우리가 우리의 관계를 다시 우리 손아귀에 넣으려는 유혹을 인지하고서 다음과 같이 말했다: "우리는 우리의 보물을 주님께 드릴 때 그것이 안전하지 못할까 두려워 방해를 받을 때가 종종 있다. 이 보물이 사랑하는 친척과 친구일 때에는 특히 더 그렇다. 그러나 우리는 그런 두려움을 가질 필요가 없다. 우리 주님은 멸망시키기 위해서 오신 것이 아니라 구원하시기 위해 오셨다. 우리가 그분께 맡긴 모든 것은 안전하며, 그렇게 맡긴 것 중에 정말 안전하지 않은 것은 하나도 없다."

> 당신의 사랑하는 것들을 하나님의 손에 맡기고 안심하라.

그것이 작은 일이든 아니면 당신이 상상할 수 있는 가장 중요한 것이든 간에 당신의 사랑하는 것들을 하나님의 손에 맡기고 안심하라. 그분은 결코 그것을 떨어뜨리지 않으실 것이다.

우리가 하나님을 믿고 우리의 관계에 대해 그분을 신뢰하면 그것이 우리의 삶에 어떤 영향을 미치는가?

우리가 하나님보다 더 중요하게 여기는 경향이 있는 세상의 관계들은 무엇인가? 그것이 우리와 그분과의 관계에 어떤 영향을 미치는가?

제가 실패를 두려워할 때
하나님은 어디 계시나요?

5

우리가 이 보배를 질그릇에 가졌으니
이는 심히 큰 능력은 하나님께 있고
우리에게 있지 아니함을 알게 하려 함이라

_고후 4:7

Where Is God When I'm Afraid to Fail?

실패를 두려워하는 것은 특히 어려운 불안일지 모른다. 왜냐하면 우리 모두는 어떤 면에서 과녁을 못 맞힌다는 것을 알기 때문이다. 우리는 이러한 두려움과 씨름하면서 스스로에게 우리는 모든 것을 제대로 할 수 없는 죄인이 아닌가? 우리가 어떻게 실패하지 않을 수 있단 말인가?라고 자문할지 모른다.

사실 죄로 인해 우리는 많은 면에서 실패한다. 심지어 온 힘을 다해 제대로 하려 할 때에도 우리는 출근길에 교통사고를 내고, 직장에서 사소한 일에 실수하거나 완전에 미치지 못하는 가정생활을 한다. 이 모든 실패가 진행되는 와중에 자신감을 갖는 것은 하나의 도전이다. 그러나 하나님은 우리가 스스로 자신감을 갖도록 부르신 적이 없으시다. 그분은 우리를 순종의 자리로 부르신다.

실패에 압도되는 느낌을 받을 때 우리는 영국 수상인 윈스턴 처칠의 조언을 기억해야 한다. 그는 제2차 세계대전 동안에 많은 어두운 날들을 뚫고 그의 조국을 인도했다: "성공이 끝이 아니며 실패도 치명적이지 않다. 중요한 것은 계속할 수 있는 용기다." 우리가 영적 삶을 계속하는 한 하나님은 우리를 실패에서 성공으로 이끄실 수 있다. 그러나 우리가 우리의 공적을 쌓기에 급급할 때 그분께서 마음에 품고 계신 성공을 구해야 한다. 때로 실패할 때 우리의 문제는 우리가 우리의 목표에 도달하지 못한 데 있지 않고 하나님이 우리를 위해 마음에 품고 계신 목표에 도달하지 못한 데 있다. 우리가 비록 우리의 모든 목표를 달성하지 못한다 할지라도, 우리가 계속해서 그분의 뜻을 행하길 구한다면 영적인 성공은 결코 실패가 아니기 때문에 우리는 실패할 수 없다.

그러나 우리가 영적으로 과녁을 놓쳤을 때조차도 그 과녁에 이르지 못한 자들이 우리만 있는 것은 아니다. 성경은

> 성공이 끝이 아니며 실패도 치명적이지 않다. 중요한 것은 계속할 수 있는 용기다.

잘못을 저지른 수많은 사람들을 그리고 있다. 종종 그 잘못이 너무 커서 그들의 여생에 영향을 미쳤다. 그러나 그들이 회개하면 하나님은 이 땅에서 그들을 정죄하지도 않으셨고, 천국에서 내어 쫓지도 않으셨다. 우리의 사랑의 구주이신 예수님은 거친 비난을 할 기회를 찾지 않으신다. 대신에 그분은 모든 실패를 이용해 우리를 자기에게 더 가까이 이끄신다.

실패에 만족하는가?

에이브러햄 링컨은 다음과 같이 말했다: "나의 가장 큰 관심은 당신이 실패했는가 아닌가가 아니라, 당신이 당신의 실패에 만족했는가 아닌가에 있다." 이 말에는 많은 지혜가 담겨 있다. 우리는 실패에 만족하거나 아니면 실패를 넘어 행동하는가?

매우 슬픈 성경 이야기가 민수기 13~14장에 나온다. 하나님께서 먼저 자기 백성을 새로운 나라로 이끄신 후에 열두 명의 정탐꾼이 약속하신 땅으로 갔다. 열 명이 돌아와서 다음과 같이 보고했다: "그 땅은 놀랍지만 그곳 사람들은 너무 강력하다. 우리는 돌아가야 한다." 두 명의 정탐꾼은 하나님의 능력 안에서 히브리 백성이 그들을 이길 수 있다고 믿었다.

다수의 의견을 믿은 사람들은 얼마나 많이 실망했겠는가! 그들은 모세와 아론 그리고 두 명의 신실한 정탐꾼인 갈렙과 여호수아를 대항했다. 그러나 그들이 실제로 반역한 것은 하나님이었지 그분의 메신저들이 아니었다. 그 결과 하나님은 반역자들을 정죄하셔서 사막에서 그들의 여생 동안 방황하게 만드셨다. 오직 두 명의 신실한 정탐꾼만이 약속의 땅에 들어갔지만, 그 많은 세월을 함께 방황한 후에 들어갔다.

성경은 이 사건에 대해 열 명이 어떻게 느꼈는지에 대해 말하지 않는다. 그들은 여생 동안 정신적으로 자신들을 괴롭혔을까? 아니면 그들은 자신들이 옳았다고 내내 믿었을까? 여호수아와 그의 백성들이 그 땅을 정복했을 때 신실하지 않은 정탐꾼들의 자손들은 자기 조상이 얼마나 틀렸는지를 눈으로 보았을 것이다.

여호수아와 갈렙이 다수의 의견에 반대했을 때 이 열 명

은 그들의 마음을 바꿀 기회가 있었지만 그렇게 하지 않았
다. 고집스럽게도 그들은 히브리인들로 하여금 잘못된 결
정을 내리도록 몰고 갔다. 만일 그들이 소수의 의견에 담긴
진리―하나님께서 너무 위험해 보이는 땅을 그들로 하여
금 정복할 수 있도록 하실 수 있다는 사
실―를 깨달았다면 모든 사람이 40년의
광야 여행을 피할 수 있었을 것이다. 갈렙
과 여호수아는 다음과 같이 보고했다:
"우리가 두루 다니며 정탐한 땅은 심히
아름다운 땅이라 여호와께서 우리를 기
뻐하시면 우리를 그 땅으로 인도하여 들

> 실패에서 가장
> 큰 위험은 우리
> 가 실패 때문에
> 하나님을 피하
> 기 시작하는 것
> 이다.

이시고 그 땅을 우리에게 주시리라 이는 과연 젖과 꿀이 흐
르는 땅이니라"(민 14:7~8). 그러나 회개하지 않고 하나님을
믿지 않은 정탐꾼들과 모든 이스라엘 백성은 다시 돌아가
40년간 광야에서 방황했다. 하나님의 방법으로 행하길 거
절했을 때 그들은 자신의 실패의 진창에서 뒹굴 수밖에 없
었다.

그러나 실패를 통해 배우고 삶을 다시 바르게 할 기회를

거절한 사람이 정탐꾼들뿐만은 아니다. 절망 가운데 목을 맨 유다(마 27:5)와 전세가 불리해지자 전장에서 자살한 사울(삼상 31:4)은 가장 치명적인 최악의 실패 사례다.

실패에서 가장 큰 위험은 우리가 실패 때문에 하나님을 피하기 시작하는 것이다.

실패를 가지고 우리가 할 일

또한 성경은 비참하게 실패했지만 결국 성공한 수많은 사람들의 삶을 그린다.

야곱은 장자인 자기 형의 축복을 도둑질했다. 형인 에서가 심히 화가 나자 야곱은 자기 본토를 떠나야 했다. 자기 형의 장자권을 훔친 사기꾼은 결국 가문의 본래 땅으로 도망했고, 자신도 속임을 당하고 그가 진정 원했던 신부를 얻기 위해 14년 동안 삼촌인 라반을 위해 일했다. 야곱은 라반의 땅에서도 계속해서 속이는 삶을 살았고, 급기야 떠나야 한다는 나쁜 감정을 갖게 되었다. 고향으로 돌아오는 길에 야곱은 하나님과 씨름하고서 지혜를 얻는 듯했다. 왜냐하면 그 씨름은 그의 교활한 방식을 종식시켰기 때문이다.

그가 형을 만났을 때 야곱은 그에게 존경심을 보였으며, 그들의 불화는 끝이 났다(창 27~33장).

한때 사기꾼이었던 자가 이스라엘 국가의 기초가 된 자녀들의 아버지가 되자 그의 삶의 실패가 승리로 바뀌었다. 야곱이 마음을 바꾸자 그의 삶은 180도 바뀌었다.

야곱은 하나님과 전환점을 맞이했을 때 혼자가 아니었다. 하나님의 백성을 다스리기 위해 그분께서 택하신 다윗도 전도가 유망해 보였다. 하지만 그 길은 그와 사울 왕이 왕좌를 놓고 다투면서 지연되었다.

도전들이 컸을 동안에 다윗은 주님께 신실했다. 그러나 이런 왕도 결코 완전하지 못했다. 그가 왕위를 얻고 나서 삶이 정착되는 듯 보인 후에는 불성실이 더 어려운 도전이 되었다. 그의 군대가 전쟁에 나간 동안에 다윗은 예루살렘에 머물렀다. 어느 날 그의 집의 지붕에서 그는 아름다운 여인이 목욕하는 것을 보았다. 밧세바는 자기 부하와 결혼한 상태이지만 다윗은 그녀를 소유해야만 했다. 그리고 얼마 안 되어 이 아름다운 여인은 임신을 했다. 다윗은 그녀의 남편인 우리아가 이 아이를 자기 아이로 생각하도록 모든 방법을 동원했지만 실패했다. 방해를 받은 왕은 밧세바의 명성을 보호하기 위해 모든 일을 다 했으며, 결국 그녀의 남편을 살해했다.

비록 이것이 개인적으로 가장 큰 재앙이었지만 다윗 생애의 마지막 실수는 아니었다. 그 이후로부터 평화가 그의 집을 통치하지 못했다. 그의 자녀들의 삶이 아수라장이 되었다. 그리고 말년에 다윗은 백성의 인구조사를 했지만 하나님은 이를 기뻐하지 않으셨다. 이 일로 인해 7만 명의 생명이 하나님이 이스라엘을 벌하기 위해 사용하신 염병에 걸려 사망했다.

이러한 모든 실패에도 불구하고 왕은 회개했기 때문에 하나님은 자기가 다윗을 왕으로 기름 붓기 전에 그분의 마음에 합한 사람을 찾아냈던 것을 여전히 기억하셨다(삼하 13:14). 그리고 사도행전도 다윗이 그런 사람이라고 선포한다(행 13:22).

우리가 실패할 때

우리가 날마다 실패하는 죄인이라는 사실을 하나님은

너무나 잘 아신다. 우리가 우리 자신을 종종 높이 평가해도 하나님이 우리를 보시는 견해는 결코 그렇지 않다. 그분은 "모든 사람이 죄를 범하였으매 하나님의 영광에 이르지 못하더니"라고 선언하신다(롬 3:23). 하나님은 우리의 실패에도 불구하고 우리를 사랑하셔서, 그의 아들을 보내사 그 사랑의 화신이 되게 하셨다.

> 하나님은 우리의 실패에도 불구하고 우리를 사랑하셔서, 그의 아들을 보내사 그 사랑의 화신이 되게 하셨다.

우리의 완벽(perfection)은 우리가 날마다 얻은 무언가가 아니다. 그것은 예수님께서 십자가에서 죽으셨을 때 영원 가운데 이루어진 것이다: "그가 거룩하게 된 자들을 한 번의 제사로 영원히 온전하게 하셨느니라"(히 10:14). 우리의 선한 행실은 우리가 천국을 획득하는 방법이 아니다. 그것은 우리가 하나님을 얼마나 사랑하고 얼마나 그분을 기꺼이 섬기려고 하는지를 보여 주는 방법이다. 우리가 행하는 그 어떤 것으로도 우리는 그분의 위대한 구원을 얻을 수 없지만, 하나님은 계속해서 역사하시고 우리를 거룩하게 만드신다.

자신의 몸의 연약함에 좌절한 사도 바울은 그가 하나님에게서 배운 것을 설명했다: "나에게 이르시기를 내 은혜가 네게 족하도다 이는 내 능력이 약한 데서 온전하여짐이라 하신지라 그러므로 도리어 크게 기뻐함으로 나의 여러 약한 것들에 대하여 자랑하리니 이는 그리스도의 능력이 내게 머물게 하려 함이라"(고후 12:9). 하나님은 우리가 완벽하기를 결코 기대하지 않으신다. 그분은 우리가 그분의 완전한 성령께서 비추시는 그릇이 되길 원하신다(고후 4:7). 우리는 우리의 실패를 변명하거나 옆으로 밀어낼 수 없다. 하지만 그것이 물리적 실패든 아니면 도덕적 실패든 간에 우리가 하나님께 돌아가 그분의 도움을 구하는 것이 바른 반응이다. 용서가 필요한 곳에서 우리는 용서를 구해야 한다. 지혜가 필요한 곳에서 우리는 지혜를 위해 그분을 의지할 수 있다(약 1:5). 그러면 하나님의 성령이 우리를 통해 빛을 비추신다. 우리가 할 수 없는 것은 우리 자신에 대해 미안해하며 항복하는

> 그것이 물리적 실패든 아니면 도덕적 실패든 간에 우리가 하나님께로 돌아가 그분의 도움을 구하는 것이 바른 반응이다.

것이다.

만일 하나님께서 다윗과 야곱을 성공시키셨다면 그분은 우리도 성공시키실 수 있으시다. 그분은 우리를 불러 그분과 동행하게 하시며, 항상 우리 곁에 계신다. 우리에게 개인적 의심이나 질문이 있을 때라도 우리는 그분께 돌아가기만 하면 된다.

출애굽 후에 하나님은 자기 백성에게 친밀한 관계를 약속하셨다: "나는 너희 중에 행하여 너희의 하나님이 되고 너희는 내 백성이 될 것이니라"(레 26:12). 우리와 동행하기 위해 오신 예수님 안에서 이 약속은 성취되었다. 그런 그분이 우리를 멀리 떠나실 수 있을까? 우리가 실패할 때에도 그분은 결코 우리를 떠나지 않으실 것이다.

실패는 단지 우리가 그것을 허용할 때에만 이 땅의 삶에서 영구적이라는 사실을 기억하라. 하나님이 이 땅에서 우리를 소유하고 계신 한 변화—우리는 우리의 실패를 역전시킬 수 있다—의 소망은 존재한다. 그리고 영원 안에서 우리가 그분을 신뢰하면 우리는 실패할 수 없다. 그분이 이를 약속하셨다.

우리가 우리 자신의 목표엔 성공했지만 하나님이 우리를 위해 가지고 계신 목표에 실패했다면 우리는 성공했다고 할 수 있는가? 왜 성공했다고 할 수 있는가? 아니면 왜 성공하지 못했다고 할 수 있는가?

우리가 하나님을 믿으면 개인적인 실패를 통과할 때 어떻게 도움을 받을 수 있는가?

우리는 야곱과 다윗의 실수에서 무엇을 배울 수 있는가?

제가 돈으로 스트레스를 받을 때 하나님은 어디 계시나요?

6

여호와께서 주시는 복은 사람을 부하게 하고
근심을 겸하여 주지 아니하시느니라
_잠 10:22

돈이 많든 적든 간에 돈은 많은 스트레스를 일으킬 수 있다. 돈이 많은 사람들은 많은 시간을 어떻게 하면 최상의 투자를 할 수 있는가를 결정하는 데 사용할 때가 많다. 그리고 그들은 돈을 청구하는 경우가 많을 것이다. 많은 돈을 어떻게 사용할지를 결정하는 일은 살아갈 돈이 충분하지 않은 경우와는 다른 문제지만, 거기에는 돈이 없는 사람은 거의 겪지 않는 유혹이 들어 있다. 돈은 모든 것을 아우르기 때문에 돈이 있는 사람은 하나님 대신에 돈을 신뢰하기 시작한다.

돈이 없는 사람은 돈이 없는 것을 염려하며 삶을 유지하기 위해 최대한 돈을 많이 벌어야 하는 함정에 빠질 수 있다. 경제가 어려울 때 이는 거의 전적으로 일만 해야 하는 도전이 될 수 있다.

우리의 재정 상황 때문에 현금이 많든 아니면 너무 적든 간에 우리는 하나님이 우리에게 주신 너무나 많은 선한 것들—재정적인 것과 다른 모든 것들—을 낭비할 수 있다. 그것은 하나님이 우리의 삶에서 의도하신 바가 아니다.

사람들은 돈에 대해 많은 기괴한 생각을 가지고 있다.

사람들은 돈에 대해 많은 기괴한 생각을 가지고 있다. 먼저 돈은 악하다는 생각이다. "돈은 일만 악의 뿌리야"라고 누군가가 말하는 것을 얼마나 많이 들었는가? 그들은 자신들이 지금 성경을 인용하고 있다는 사실조차 모를지 모른다. 그러나 실제로는 이를 잘못 인용하고 있다. 성경은 다음과 같이 말한다: "돈을 사랑함이 일만 악의 뿌리가 되나니 이것을 탐내는 자들은 미혹을 받아 믿음에서 떠나 많은 근심으로써 자기를 찔렀도다"(딤전 6:10). 돈은 살아 있는 존재가 아니기에 돈을 사랑하는 것은 부적절한 반응이다.

성경은 우리에게 서로 사랑하라고 반복해서 요청한다(요 13:34~35, 15:2, 롬 12:10, 13:8, 갈 5:13, 살전 3:12, 4:9). 하지만 성경은 결코 우리에게 무생물을 사랑하라고 말하지 않는다. 우리는

"나는 내 차(집, 옷, 기타 등등)를 사랑해"라고 말할지 모르지만, 그럴 경우에 우리는 우리의 감정을 하나님의 말씀과 제대로 연결시키지 못하고 있는 것이다. 하나님은 우리에게 모든 것을 즐기고 잘 사용하라고 주셨지 사랑하라고 주시지 않았다. 그렇다고 그분이 우리가 사랑 가득한 삶을 살길 원치 않으신다는 뜻은 아니다. 오히려 그분이 세상의 물건들은 우리에게 사랑을 돌려 줄 수 없고, 결국엔 우리를 공허하게 만들 것이라는 사실을 아신다는 뜻이다.

사람들을 위해 선을 행하는 데 돈을 사용하라. 교회, 선교단체 혹은 돈이 없어 자녀들에게 먹을 것을 주지 못하는 불신자 이웃에 기부하라. 그러나 돈을 작은 녹색 우상(녹색의 달러 지폐에서 유추하여 우상을 녹색으로 표현함 - 옮긴이)에게 돌리진 말라.

돈과 믿음

오늘날 세계에서 어느 누구도 물리적으로 달러 지폐나 다른 화폐 앞에서 절을 하는 자는 없다. 그러나 때로 돈에 대한 우리의 태도를 볼 때 우리는 우리에게 돈이 어떤 의미인지, 그리고 우리가 그것을 우리 믿음과 관련하여 어떻게 사용해야 하는지에 대해 상당히 애매모호함을 보인다. 돈을 어떻게 다루는지는 우리가 하나님을 얼마나 신뢰하는지에 대해 많은 것을 말해 준다. 우리가 하나님 대신에 은행 계좌를 믿고 그것이 현재나 미래의 고난을 통과시켜 줄 것이라 신뢰할 때 우리는 하나님이 어떤 분이신지, 그리고 돈이 얼마나 연약한 막대기가 될 수 있는지에 대해 오해한다. 성경은 우리에게 "은을 사랑하는 자는 은으로 만족하지 못하고 풍요를 사랑하는 자는 소득으로 만족하지 아니하나니"라고 경고한다(전 5:10).

우리의 은행 계좌가 우리가 필요한 모든 것을 공급해 준다고 믿으면 우리는 하나님께서 우리를 위해 공급해 주시겠다고 약속하신 것을 망각한다. 요엘 선지자는 하나님의 백성들에게 누가 그들에게 추수를 할 수 있도록 해 주셨는지를 일깨웠다: "시온의 자녀들아 너희는 너희 하나님 여호와로 말미암아 기뻐하며 즐거워할지어다 그가 너희를

> 돈을 어떻게 다루는지는 우리가 하나님을 얼마나 신뢰하는지에 대해 많은 것을 말해 준다.

위하여 비를 내리시되 이른 비를 너희에게 적당하게 주시리니 이른 비와 늦은 비가 예전과 같을 것이라"(욜 2:23).

농경 경제에서 사람들은 이 말씀이 하나님께서 그들의 곡식을 자라게 하는 비를 주셨다는 의미임을 알았을 것이다. 우리가 정기적으로 입금되는 월급을 의지하듯이, 당시 하나님의 백성들은 그들이 열심히 심은 씨를 적셔 줄 비를 의지했다. 비가 안 오면 식물도 없었다. 비가 많이 오면 식물도 많았다. 그들은 그 축복을 받았을 때 감사했고, 그들은 누가 그들을 위해 이를 제공해 주었는지를 알았다.

우리는 우리 직장과 하나님의 공급하심 사이의 직접적인 연관성을 보지 못할지 모른다. 하지만 우리에게 일자리를 주고 우리가 회사에 머무를 수 있을 정도로 회사가 계속 이윤을 내게 해 주시는 분도 하나님이시다. 우리 사장은 그분을 모를지 몰라도 하나님은 회사를 돌보실 수 있다. 왜냐하면 그분을 아는 누군가가 거기서 일하고, 그분이 그 회사에 대해 목적을 가지고 계시기 때문이다. 우리는 하나님과 '우리의 추수' 사이에 직접적인 연관성을 보지 못할지라도 그분은 우리로 계속해서 일하도록 하시기 위해 일하신다.

우리가 실직하거나 경제가 혹독할 때는 어떤가? 하나님은 돌보길 멈추셨는가? 아니다. 그분은 결코 자기 약속을 하나도 잊지 않으신다. 그리고 히브리서 저자는 우리에게 다음의 사실을 일깨워 준다: "돈을 사랑하지 말고 있는 바를 족한 줄로 알라 그가 친히 말씀하시기를 내가 결코 너희를 버리지 아니하고 너희를 떠나지 아니하리라 하셨느니라"(히 13:5). 재정적으로 혹독하여 우리가 가진 것으로는 거의 만족할 수 없을 때 하나님은 더 혹독하시다.

재정적으로 혹독할 때 하나님은 더 혹독하시다.

이처럼 혹독한 때가 오면—그리고 그런 때는 결국 오게 마련이다—우리 삶을 살펴보고 어찌된 영문인지, 우리 주님과 함께 과녁을 맞히지 못함으로써 이 문제를 우리 스스로가 어떻게 다루는지를 점검하는 것이 현명하다. 하나님은 우리의 관심을 끄시기 위해 이와 같은 상황을 이용하실지 모른다. 우리는 우리의 재정의 삶을 돌아보고 우리가 무심코 낭비하지는 않았는지를 살펴야 한다. 물론 우리는 우리가 기부한 것들을 고려해야 한다. 우리가 돈에 너무 집착해서 하나님과 교회에 헌금을 덜 하진 않았는가? 우리에게서 더 나은 것을 기대할 수 있었던 다른 사람들에게 너무 빡빡하지는 않았는가? 우리가 모든 죄에 대해 우리 삶을 세밀하게 점검해도 아무것도 찾아내지 못한다면, 하나님께 우리가 놓치고 있는 것이 있는지를 여쭤봐야 할지 모른다. 그런 다음에 우리는 그분의 성령에 대해 마음을 열어야 한다. 그러면 그분은 우리에게 회개하고 우리 삶을 재조정해야 할 자리를 보여 주실지 모른다.

그러나 우리가 우리 삶에서 죄를 발견하지 못할 때조차도 재정적 어려움(혹은 다른 문제들)이 계속 남아 있을 때가 간혹 있다. 욥을 보라. 그는 자기를 비난하는 친구들에게 자신이 그 모든 재앙을 당할 만한 잘못된 일을 행한 적이 없다고 계속 주장했다. 욥은 그의 영적 생활에 대해 진지했다. 그러나 그는 자신이 완전하지 못하다는 점을 인식하고는 책의 마지막 부분에서 회개했다(욥 42:6). 그런데도 하나님은 어디에서도 욥의 죄를 다른 이들에게 비난하지 않으셨고, 고난 받은 자를 비난하는 친구들에게 회개를 촉구하신다. 때론 우리가 불완전하지만, 하나님은 우리가 죄를 범

했기 때문에 우리의 관심을 얻으려 하지 않으시고 그분은 욥에게 하신 것처럼 그분과 우리의 관계를 더 깊게 하려고 하신다. 그것은 우리가 고통을 경험해야 한다는 것을 의미할지 모른다. 우리 구세주는 우리 삶에서 많은 경우에 우리를 극도로 부드럽게 대하시지만, 장기적인 차원에서 더 유익이 되는 때에는 고난을 통과시키시는 능력이 그분에게 있다. 그런 경우에 비록 우리가 의문을 품고 그분에게 외치며 종종 우리에게 가장 중요한 문제에 대한 답을 많이 얻지 못할지라도 우리의 관계는 다른 부분에서 계속 부드러운 친밀함을 유지할지 모른다. 우리의 재정이 우리에게 계속 도전으로 다가올지라도 우리는 영적으로 계속 성장할지 모른다. 다른 사람들도 우리를 너무 친절하게 격려해 주기 때문에 우리는 그들을 더욱 깊이 사랑하게 된다. 우리의 교회 생활은 특히 더 복되게 보일지 모른다. 우리 각 사람은 내 삶에 있어서 이 한 부분만 문제가 없으면 만사가 형통할 텐데라고 생각할지 모른다. 시간이 지나면 우리는

> 이런 성장통을 겪으면서 우리는 하나님이 우리를 버리지 않으셨다는 것을 확신할 수 있다.

우리의 영이 최대로 찢어지는 듯한 느낌이 들지 모른다. 그러나 이런 성장통을 겪으면서 우리는 하나님이 우리를 버리지 않으셨다는 것을 확신할 수 있다. 그리고 기도는 우리의 지속적인 생명선이 되어서 우리와 우리 주님을 연결해준다.

부와 믿음

그러나 돈이 많은 사람들은 어찌 되는가? 그들은 가난한 자들보다 하나님께 더 가까이 나아가는가? 꼭 그런 것은 아니다. 하나님을 아는 지식에서 단절된 돈은 영적 가치가 그리 많지 않다. 모세는 번성하는 하나님의 백성들에게 다음과 같이 경고했다: "그러나 네가 마음에 이르기를 내 능력과 내 손의 힘으로 내가 이 재물을 얻었다 말할 것이라 네 하나님 여호와를 기억하라 그가 네게 재물 얻을 능력을 주셨음이라 이같이 하심은 네 조상들에게 맹세하신 언약을 오늘과 같이 이루려 하심이니라"(신 8:17~18). 우리의 재물이 많든 적든 그것은 주님 덕분이다. 사무엘상 2장 7절에서 한나는 "여호와는 가난하게도 하시고 부하게도 하시며 낮추

기도 하시고 높이기도 하시는도다"라고
기도했다. 신체적 안정 제공에 있어서 돈
은 하나님과 경쟁할 수 없으며, 감정적
안정감을 주는 다른 사람에 대한 사랑을
제공해 주지도 못한다. 하나님이 우리에
게 잉여의 자원을 주실 때는 감사가 적절한 반응이며, 우리
는 이 여분의 현금을 지혜롭게 사용해야 한다.

> 우리의 재물이 많
> 든 적든 그것은
> 주님 덕분이다.

부자 악인을 묘사한 욥의 말은 사람들이 바른 곳에서 그
들의 안정감을 찾아야 할 필요성을 역설한다.

> "그가 비록 은을 티끌 같이 쌓고 의복을 진흙 같이
> 준비할지라도 그가 준비한 것을 의인이 입을 것이
> 요 그의 은은 죄 없는 자가 차지할 것이며 그가 지
> 은 집은 좀의 집 같고 파수꾼의 초막 같을 것이며
> 부자로 누우려니와 다시는 그렇지 못할 것이요 눈
> 을 뜬즉 아무것도 없으리라 두려움이 물 같이 그에
> 게 닥칠 것이요 폭풍이 밤에 그를 앗아갈 것이며 동
> 풍이 그를 들어올리리니 그는 사라질 것이며 그의

처소에서 그를 몰아내리라"(욥 27:16~21).

하나님이 없으면 이 세상은 불안정한 곳이다. 그리고 돈은 그 불안한 세상에 안정감을 빌려 주는 일을 너무나 잘한다. 더 나아가 돈은 우리로 하여금 잘못된 곳에 신뢰를 두게 만들며, 곧 우리는 우리의 삶이 공허하다는 것을 자주 발견하게 된다.

우리는 돈이 모든 문제를 풀어 줄 수 있다고 생각하지만, 성경은 더 큰 유익이 있는 다른 것이 있다고 가르쳐 준다. 예를 들어, "지혜의 그늘 아래에 있음은 돈의 그늘 아래에 있음과 같으나, 지혜에 관한 지식이 더 유익함은 지혜가 그 지혜 있는 자를 살리기 때문이니라"와 같은 말씀이 그렇다(전 7:12).

안정감으로 가는 길을 발견하라

재정적으로 어려운 상황을 만날 때의 금기 사항 한 가지는 우리가 아등바등 겨우 벌어먹고 사는데 돈이 남아도는 것처럼 보이는 사람들을 질투하는 것이다. 이 땅의 단순한 부는 하나님이 자신의 종들에게 기꺼이 주시고자 하는 축복과 비교할 수 없다: "여호와께서 주시는 복은 사람을 부하게 하고 근심을 겸하여 주지 아니하시느니라"(잠 10:22). 하나님은 신속히 우리를 떠나 다른 사람의 주머니에 안착하는 지폐나 동전보다 더 큰 부를 받도록 우리를 부르셨다.

"오호라 너희 모든 목마른 자들아 물로 나아오라 돈 없는 자도 오라 너희는 와서 사 먹되 돈 없이, 값 없이 와서 포도주와 젖을 사라 너희가 어찌하여 양식이 아닌 것을 위하여 은을 달아 주며 배부르게 하지 못할 것을 위하여 수고하느냐 내게 듣고 들을지어다 그리하면 너희가 좋은 것을 먹을 것이며 너희 자신들이 기름진 것으로 즐거움을 얻으리라 너희는 귀를 기울이고 내게로 나아와 들으라 그리하면 너희의 영혼이 살리라 내가 너희를 위하여 영원한 언약을 맺으리니 곧 다윗에게 허락한 확실한 은혜이니라"(사 55:1~3).

궁극적으로 부는 영원 가운데 어느 누구에게도 하나님의 축복을 주지 못한다: "죄악이 나를 따라다니며 나를 에워싸는 환난의 날을 내가 어찌 두려워하랴 자기의 재물을 의지하고 부유함을 자랑하는 자는 아무도 자기의 형제를 구원하지 못하며 그를 위한 속전을 하나님께 바치지도 못할 것은"(시 49:5~7). 속전은 오직 예수님만이 지불할 수 있으시다.

하나님은 인생은 월급, 투자금 혹은 은퇴 연금 이상의 것임을 우리에게 일깨워 주신다. 우리는 축복을 우리의 소유물로 생각하는 경향이 있지만 그분은 우리가 더 큰 그림을 보길 원하신다. 하나님께서 축복을 말씀하실 때, 그분은 재정적인 것을 의미하실 수도 혹은 의미하지 않으실 수도 있다. 인생에는 돈과 전혀 상관이 없는 요소들이 많다. 우리가 돈과 하나님을 혼동할 때 우리는 자신을 위험에 노출시킨다. 예수님께서는 우리에게 경고하셨다: "한 사람이 두 주인을 섬기지 못할 것이니 혹 이를 미워하고 저를 사랑하거나 혹 이를 중히 여기고 저

> 인생은 월급, 투자금 혹은 은퇴 연금 이상의 것이다.

를 경히 여김이라 너희가 하나님과 재물을 겸하여 섬기지 못하느니라"(마 6:24). 우리는 누구를 섬길지 택해야 한다.

돈이 있는 자들은 주님을 기쁘시게 하는 방법으로 돈을 사용해야 한다. 세상의 재물에 집착하지 않으면 영원하고 실제적인 유익을 얻을 수 있다: "이자를 받으려고 돈을 꾸어 주지 아니하며 … 이런 일을 행하는 자는 영원히 흔들리지 아니하리이다"(시 15:5). 은행에 돈이 얼마나 있든지 간에 하나님은 다음과 같이 약속하신다: "주라 그리하면 너희에게 줄 것이니 곧 후히 되어 누르고 흔들어 넘치도록 하여 너희에게 안겨 주리라 너희가 헤아리는 그 헤아림으로 너희도 헤아림을 도로 받을 것이니라"(눅 6:38), "구제를 좋아하는 자는 풍족하여질 것이요 남을 윤택하게 하는 자는 자기도 윤택하여지리라"(잠 11:25). 어떤 종류의 구제와 윤택케 함인지에 대해서는 구체적으로 명시하지 않았지만, 하나님께서 좋은 재정으로 사람들을 축복하신 곳에서 풍성한 나눔을 기대하시는 것은 분명하다. 교회 헌금

하나님이 우리를 이 세상에 두신 것은 다른 사람들을 돕기 위해서다.

은 좋은 출발점이지만, 우리의 소유를 나누는 일이 거기서 끝나서는 안 된다. 하나님이 우리를 이 세상에 두신 것은 다른 사람들을 돕기 위해서다. 그분이 우리를 부르셔서 기부하라고 하시면, 우리는 기꺼이 도울 준비가 되어 있어야 한다.

우리가 우리 재물을 가지고 공명정대하지 못하게 행했다고 생각되는 경우에 하나님은 "망령되이 얻은 재물은 줄어가고 손으로 모은 것은 늘어가느니라"고 경고하신다(잠 13:11).

성경은 돈에 대해 많은 이야기를 하지만, 어느 것 하나도 돈에 애착을 갖거나 신뢰하라고 권하지 않는다. 예수님께서 하신 칭찬 중에 가장 큰 칭찬은 너무나 가난하여 아마도 자포자기한 마음으로 자신의 모든 돈을 성전 헌금함에 넣은 듯 보이는 한 여인이 받았다.

> "예수께서 헌금함을 대하여 앉으사 무리가 어떻게
> 헌금함에 돈 넣는가를 보실새 여러 부자는 많이 넣
> 는데 한 가난한 과부는 와서 두 렙돈 곧 한 고드란

트를 넣는지라 예수께서 제자들을 불러다가 이르시되 내가 진실로 너희에게 이르노니 이 가난한 과부는 헌금함에 넣는 모든 사람보다 많이 넣었도다 그들은 다 그 풍족한 중에서 넣었거니와 이 과부는 그 가난한 중에서 자기의 모든 소유 곧 생활비 전부를 넣었느니라 하시니"(막 12:41~44).

우리의 모든 돈을 하나님의 손에 맡겨 드린다는 생각만 해도 우리는 두려울지 모르지만, 하나님께서 이 여인의 상황을 보셨을 뿐만 아니라 이에 대해 무언가 조치를 취하셨을 것에 대해 의심할 수 있는가? 이는 우리에게도 마찬가지다. 우리가 우리의 재정적 걱정들을 그분께 맡기고 그분의 응답을 구한다면, 그분은 엄청난 돈을 주지 않으실지 모르지만, 우리의 쓸 것은 공급하실 것이다. 그분은 그렇게 하겠다고 약속하셨다. 마태복음 6장에서 어느 누구도 두 주인을 섬길 수 없다고 말씀한 후에 예수님께서는 제자들에게 무엇을 마실까, 무엇을 먹을까, 무엇을 입을까 염려하지 말라고 요청하셨다. 그런 뒤에 그분은 하나님이 먹을 것을 주시는 공중의 새와 들의 백합화를 가리키시며 다음과 같이 말씀하셨다: "그런즉 너희는 먼저 그의 나라와 그의 의를 구하라 그리하면 이 모든 것을 너희에게 더하시리라"(33절).

하나님의 메시지를 받자. 그것은 우리가 재정을 다룰 때 그분을 바라보면 우리가 두려울 게 없다는 것이다.

≫≋ 묵상의 시간 ≋≪

당신은 재정적 성공이 축복이라고 생각하는가? 만일 그렇다면 그런 축복에는 어떤 책임들이 따르는가?

돈에 대한 우리의 태도는 우리와 하나님과의 관계와 어떤 관계가 있는가?

재정 문제에 있어서 하나님을 신뢰하는 것은 얼마나 중요한가?

미래가 어두워 보일 때
하나님은 어디 계시나요?

7

온전한 사람을 살피고 정직한 자를 볼지어다
모든 화평한 자의 미래는 평안이로다
범죄자들은 함께 멸망하리니
악인의 미래는 끊어질 것이나

_시 37:37~38

Where Is God When The Future Looks Dim?

미래를 볼 때 그 전망이 암울한 때가 있었는가? 당신이 압도되는 문제에 직면했든 아니면 사소한 일련의 문제가 합쳐져서 최악의 두려움을 가져왔든 그건 중요하지 않다. 소망 없이 미래를 보면 그 상황은 낙망 그 자체다.

우리 앞에 놓인 유혹들

미래를 두렵게 하는 것은 사탄이 그리스도인을 대항해 항상 사용하는 큰 유혹 중 하나다. 결국 우리의 삶에 질서가 있다 할지라도 우리는 우리의 앞일을 정말 모른다. 우리는 선하고 신실한 사람들도 재앙을 만난다는 사실을 알고 있다. 그리고 이 변화무쌍한 세상에서 우리 문화와 경제의 도전들은 계속 늘어나고 있

인간 사회에는 서 있을 만한 견고한 터가 없다.

다. 인간 사회에는 서 있을 만한 견고한 터가 없으며 계속 변화할 뿐이다.

오직 하나님만이 우리 삶과 교회 관계, 직장생활 그리고 사회 전반의 견고한 터가 되실 수 있다. 그러나 이런 곳 어디에서도 기독교는 환영받지 못한다. 우리는 기독교 세상에서 살고 있지 않기 때문에, 우리가 다른 이들과 상호 반응할 때 우리 생각을 마땅히 긍정적으로 지켜야 하는 전투를 치러야 한다. 삶이 불편할 때 비관적인 전망을 퍼뜨리는 사람이 항상 있다.

일단 사탄이 이 세상에서 고난의 짐이 계속된다는 점을 우리에게 일깨운 후에 우리 마음을 우리 구주에게서 떼어내 미래를 보게 만들면 그는 우리가 걱정하도록 하는 데 큰 성공을 거둔다. C. S. 루이스는 그의 책 「스크루테이프의 편지」에서 이 사실을 인정했다. 이 책은 선배 귀신이 신입 귀신을 훈련하는 모습을 그린다. 자기 제자 귀신에게 하나님의 백성을 유혹하는 방법에 대해 조언하면서 스크루테이프는 다음과 같이 말한다: "우리가 할 일은 (사람들로 하여금) 영원과 현재에서 벗어나게 만드는 거야 … 그래서 그들로 미래에 살게 만드는 것이 훨씬 낫단다. 생물학적 필요들로 인해 그들의 모든 열정은 이미 그 방향을 향하고 있지. 그 래서 미래에 대한 생각은 소망과 두려움에 불을 붙이지. 또 한 그들은 미래를 모르기 때문에 그들로 미래에 대해 생각 하게 만들면 그들은 비현실적인 세계를 생각하게 되지. 한 마디로 모든 것 중에 미래는 가장 영원과 닮지 않은 것이 야. 미래는 시간 중에 가장 완벽하게 일시적인 부분이지."

우리의 발을 공중에 굳게 두고서 사는 것처럼 보이는 삶 에 대해 우리는 어떻게 반응하는가? 미래를 바라보면 우리 는 우리 존재의 연약함을 인식하게 된다. 이는 새로운 사실 이 아니지만—우리는 우리의 몸이 유효기간이 있다는 사 실을 언제나 알고 지낸다—갑자기 이런 사실이 우리의 생 각과 두려움에 영향을 주면 그 유효기간은 고통스러운 현 실이 된다. 이 시점에서 우리는 선택을 해야 한다. 즉 우리 의 신뢰를 어디에 둘 것인가를 선택해야 하는 것이다. 우리 가 이 신뢰를 어디에 둘 것인지는 우리 모두가 내려야 하는 결단이다. 한 번만 내리는 것이 아니라 평생에 걸쳐 내려야 한다. 우리가 믿은 지 좀 된 그리스도인이라면 우리의 마음은 정답이 무엇인지를 안다. 그러나 다른 대안들이 훨씬 더 유혹적일 때가 많으며, 심지어 성경을 알고 하나님이 우리의 유일한 소망임을 앎에도 불구하고 우리는 다른 곳에 끌리며, 아마도 훨씬 더 손쉬워 보이는 길을 따라가려 할지 모른다. 혹은 의심이 우리 마음에 이미 찾아와서, 하나님이 여차하면 우리를 떠나실 수도 있다는 두려움이라도 생기면 유혹자의 일은 끝난다.

다른 방향으로 유혹되다

미래에 대한 두려움이 우리 마음을 너무 강하게 잡아끄는 상태에서 하나님을 기다린다는 것은 너무나 큰 도전이기 때문에 우리의 신뢰를 다른 사람들에게 두고 싶은 유혹을 강하게 느낄 수 있다. 우리가 처음에 우리 주님께 붙어 있기로 굳게 결단했어도 도전이 커지면 우리는 조금씩 미끄러져 가는 자신의 모습을 발견한다. 만일 우리 마음이 의심으로 가득 차면, 우리는 갑자기 더 밝은 내일

다른 사람들에게 신뢰를 두고 싶은 유혹을 강하게 느낄 수 있다.

을 약속하는 누군가를 열심히 붙든다.

아마도 그래서 우리 사회가 과학 지식과 실재하는 것과 실재하지 않는 것을 아는 능력을 자랑하는 그런 시대임에도 불구하고, 소수의 그리스도인을 포함해 많은 사람들이 계속해서 점쟁이를 찾아가고 미래를 안다고 주장하는 사람들과 상담을 하는지 모르겠다. 하나님은 자기 백성에게 이런 행동을 금하시고 이런 것들을 신뢰하는 것은 영적으로 너무나 위험한 것이라고 경고하셨지만, 사람들은 그렇게 행한다. 왜냐하면 그들은 서서히 그리고 아주 부드럽게 그분에게서 멀어지고 있기 때문이다. 마침내 우리는 하나님을 피해 가려는 이런 시도들이 결국 성공하지 못한다는 것을 발견하게 될 것이다. 왜냐하면 다른 사람들도 우리보다 미래를 더 잘 알 수 없기 때문이다(전 8:7).

현대의 신자들만 이런 함정에 빠진 것이 아니다. 고대 이스라엘도 가장 기쁜 소식을 전한 선지자의 말을 들었던 오랜 역사 가운데서도 변형된 모습을 지녔다. 이는 그들도 하나님의 참된 메시지를 지닌 선지자를 무시했다는 뜻이다. 모세는 우리의 오감을 자극하는 거짓 선지자들을 찾아가지 말라고 경고하면서 그 위험을 다음과 같이 설명했다.

> "너희 중에 선지자나 꿈 꾸는 자가 일어나서 이적과
> 기사를 네게 보이고 그가 네게 말한 그 이적과 기사
> 가 이루어지고 너희가 알지 못하던 다른 신들을 우
> 리가 따라 섬기자고 말할지라도 너는 그 선지자나
> 꿈 꾸는 자의 말을 청종하지 말라 이는 너희의 하나
> 님 여호와께서 너희가 마음을 다하고 뜻을 다하여
> 너희의 하나님 여호와를 사랑하는 여부를 알려 하
> 사 너희를 시험하심이니라"(신 13:1~3).

그러나 시험에 직면했다고 해서 우리가 유혹에 굴복해
야 한다는 뜻은 아니다.

믿음에 대한 도전

미래의 불확실함에 직면했을 때—그것이 먼 미래든 아
니면 오늘내일 일이든 간에—우리는 쉽게 우리 자신의 연
약함에 대해 불안해한다. 어떤 것들은 우리가 미리 대비하

여 삶의 충격을 완화할 수 있지만, 다른 것들은 완전히 우리의 통제 밖이다. 우리 삶에 갑자기 찾아오는 예기치 못한 드라마들은 가장 당혹스럽다. 그 드라마는 한때 우리에게서 너무 멀리 있어 보였지만, 지금은 우리 집 문 앞에 차를 댄다. 그것은 신체적 재앙들과, 가장 지혜로운 정부 지도자들도 통제하지 못하는 경제 상황과, 인간의 능력을 벗어나 계속해서

> 우리는 하늘이 무너질 것이라 확신하며 이리저리 날뛴다.

사회적 스트레스를 일으키는 문화적 균열을 말한다. 이것은 실제로 우리 미래의 한 부분이 결코 아니지만, 그럼에도 불구하고 이러한 사건들이 우리의 안전에 대해 만들어 낸 의심들은 우리에게 매우 생생하게 느껴질지 모른다. 겁쟁이 병아리처럼 우리는 하늘이 무너질 것이라 확신하며 이리저리 날뛴다.

그러나 미래가 두렵게 보여도 실제적인 참상으로 발전되진 않는다. 우리가 이런 종류의 변화에 직면했을 때, 심지어 좋은 변화라 할지라도, 이로 인해 우리는 가던 길을 멈추고 생각할지 모른다. 우리 앞에 있는 미지의 위험들을

두려워하면, 그것이 새 직장이든 사역의 기회든 아니면 관계의 변화이든 간에, 우리는 하나님이 우리를 향해 가지고 계신 좋은 것들에서 물러선다.

에이미 카마이클이 선교 사역을 계획했을 때 그녀는 다음과 같이 인정했다.

> "나는 미래에 대해 두려운 마음을 가지고 있었다 …
> 마귀는 계속해서 속삭거렸다: '지금은 괜찮지. 하지
> 만 이후에는 어떻게 할 건데? 너는 무척 외로울 거
> 야.' … 그리고 나는 다소 절망적으로 나의 하나님
> 께로 가서 말했다: '주님, 제가 무엇을 할 수 있습니
> 까? 제가 어떻게 끝까지 갈 수 있습니까? 그러자 그
> 분이 말씀하셨다: '나를 믿는 자는 그 어느 누구도
> 외롭지 않을 것이다.' 그 말씀이 그날 이후로 지금
> 까지 나와 함께하고 있다."

우리 앞에 무엇이 놓여 있든 우리 삶에 한 가지 문제는 계속된다. 그것은 미래는 언제나 믿음의 도전을 제시한다

는 사실이다. 우리는 결코 이생에서의 시간을 멸시할 수 없으며, 또한 우리의 길이 우리를 어디로 인도할지를 알지 못할 것이다. 때로는 이것이 좋다. 왜냐하면 우리가 겪게 될 고난을 미리 안다는 것은 매우 두려울 수 있기 때문이다. 하나님은 우리가 밟게 될 길 전체를 보지 못하게 하시며 그 길에 충분히 많은 험한 길을 허락하셨다. 그러나 그분이 모든 험한 길에서 우리와 함께하실 것을 알기 때문에 우리는 용기를 낼 수 있다.

우리가 진정으로 두려워하는 것은 무엇인가?

미래에 대한 막연한 두려움이 우리를 공격할 때 우리의 불안이 어디에 있는지를 알아내면 도움이 될 수 있다. 아마도 우리는 결코 일어나지 않을 일을 두려워할지 모른다. 결국 인생을 되돌아보면 결코 실현되지 않은 일을 걱정했음을 보게 된다. 당신은 결코 결혼하지 못할 것이고, 결혼생활도 행복하지 않을 것이라 생각했는가? 아마 지금 당신은 배우자와

우리의 두려움이 현실에 근거한 경우는 매우 드물다.

의 관계에서 축복을 누리고 있을지 모른다. 아니면 당신은 하나님이 당신에게 위험한 국가의 선교사가 되라고 부탁하실지 모른다고 두려워했을지 모른다. 그러나 그 대신에 그분은 당신에게 지역 사회의 사역을 주셨다. 우리의 두려움이 현실에 근거한 경우는 매우 드물다.

혹 우리는 다른 사람을 두려워했을지 모른다. 하나님은 특히 악인이 우리를 대적할 때 그를 두려워할 필요가 없다고 말씀하신다. 왜냐하면 결국 그분이 자기 백성을 번성케 하실 것이기 때문이다. 다윗은 우리 미래에 대한 이러한 소망을 반영하면서 다음과 같이 말한다: "온전한 사람을 살피고 정직한 자를 볼지어다 모든 화평한 자의 미래는 평안이로다 범죄자들은 함께 멸망하리니 악인의 미래는 끊어질 것이나"(시 37:37~38). 그리고 잠언서는 다음과 같은 경고와 약속을 동시에 말한다: "네 마음으로 죄인의 형통을 부러워하지 말고 항상 여호와를 경외하라 정녕히 네 장래가 있겠고 네 소망이 끊어지지 아니하리라 내 아들아 너는 듣고 지혜를 얻어 네 마음을 바른 길로 인도할지니라"(잠 23:17~19). 하나님은 자기의 신실한 백성들을 돌보시고 그들에게 소망의 길을 보이신다. 또한 그분은 이들을 사용하여 죄인들에게 다가가고, 그들을 자기의 품으로 이끄신다. 두려움이 샘솟기 시작할 때 인생에서 우리가 겪는 그 어느 것도 하나님을 놀라시게 할 수 없다는 사실을 기억하라. 그분은 우리의 상황을 내내 알고 계시며, 그것에 대비해 우리를 준비시키셨다. 우리 미래의 모든 날이 즐거운 것은 아니겠지만, 우리가 우리의 창조주를 믿으면 모든 것이 긍정적인 방향을 향한다. 그분은 우리를 위한 하늘의 목표를 가지고 계시다. 그것은 구원이다. 그리고 그분은 약속하신다: "나는 알파와 오메가요 처음과 마지막이라 내가 생명수 샘물을 목마른 자에게 값없이 주리니"(계 21:6). 그분은 모든 피조물을 지으실 때부터 항상 계셨으며, 우리 세상에 대한 모든 것을 아신다.

우리 삶의 가장 작은 고난에서부터 이 세상의 가장 큰 고난에 이르기까지 그 어느 것도 하나님을 피하지 못한다.

우리는 하나님이 우리 삶 가운데 행하실 일을 두려워하

는가? "연약한 그리스도인들은 십자가의 그늘을 두려워한다"고 고난에 익숙한 청교도 전도자인 토마스 브룩스(Thomas Brooks)가 말했다. 그는 유혈이 낭자한 분열된 영국 대내란(English Civil War) 기간 동안에 살았다. 그는 1665년에 런던에 거하면서 참담한 대역병[Great Plague, 1665년 런던에서 발생한 선(腺)페스트, 이 시(市) 인구의 약 15퍼센트가 사망했다 – 옮긴이]을 겪었다. 우리 모두는 어떤 시점에서 십자가를 져야 하는 고통에 대해 공포를 느낀다. 우리는 이러한 시련을 두려워하지만 하나님은 우리를 더 강력한 신자로 세우려 하신다. 그들은 그리스도의 능하신 성령을 통해 일들을 행함으로 세상을 놀라게 할 수 있는 사람들이다. 그러나 그분이 십자가를 우리 삶에 두실 때 계속해서 십자가에서 후퇴한다면, 우리는 그런 종류의 미래를 담당할 수 없다.

우리가 우리를 향한 하나님의 선하신 의도를 의심한다면, 하나님의 불순종하는 백성들이 정복을 당하고 바벨론으로 향했을 때 그들에게 주셨던 다음의 약속을 기억하라.

"여호와께서 이와 같이 말씀하시니라 바벨론에서

칠십 년이 차면 내가 너희를 돌보고 나의 선한 말을
너희에게 성취하여 너희를 이 곳으로 돌아오게 하
리라 여호와의 말씀이니라 너희를 향한 나의 생각
을 내가 아나니 평안이요 재앙이 아니니라 너희에
게 미래와 희망을 주는 것이니라 너희가 내게 부르
짖으며 내게 와서 기도하면 내가 너희들의 기도를
들을 것이요"(렘 29:10~12).

우리 삶에 많은 고난과 난관이 있지만, 그 어느 것도 영
원하지 않다. 우리가 이것들을 하나님께 돌아가는 기회로
삼아 그분에 대해 더 많은 것을 배운다면, 그분은 고난의
시기를 이용하여 우리에게 축복을 주실 것이다. 미래에 대
한 우리의 소망은 하나님께 있으며, 우리가 그분을 부르고
정말로 그럴 때 그분은 들으실 것이다.

미래를 두려워하면 우리의 삶은 어떤 영향을 받는가?

미지의 것에 대한 두려움은 우리 일상의 행동에 어떤 영향을 미치는 가? 그것은 우리와 하나님의 관계에 어떤 영향을 미치는가?

하나님이 당신의 삶에서 무엇을 행하실지 두려워한 적이 있는가? 이것이 영적인 면에서 건강한 것인가? 건강하다면 왜 그런가? 건강하지 않다면 왜 그런가?

세상이 미쳐 보일 때
하나님은 어디 계시나요?

8

그리하면 모든 지각에 뛰어난 하나님의 평강이
그리스도 예수 안에서 너희 마음과 생각을 지키시리라

_빌 4:6~7

Where Is God When the World Seems Crazy?

　"난리와 난리 소문을 듣겠으나 … 민족이 민족을, 나라
가 나라를 대적하여 일어나겠고 곳곳에 기근과 지진이 있
으리니." 마태복음 24장 6~7절에 나오는 이 묘사는 오늘날
의 세계를 상당히 정확히 설명해 주지 않
는가? 우리가 한 번도 들어 본 적이 없는
지역에서 전쟁이 발발하고, 더 많은 분쟁   세상은 살기에
의 위험을 거의 미연에 방지하지 못하는   위험한 곳이다.
상태에서 테러리즘의 가능성은 새롭게
더 높아지는 이때에 우리는 마지막 충격적인 사건을 기다
리며 초조하게 칼날 위를 걷는 것처럼 사는 듯하다. 전쟁의
위협이 없는 때에도 자연 재해가 가장 예기치 못한 장소에
서 일어나기에 우리의 예측할 수 없는 세상은 우리를 위협
한다. 세상은 살기에 위험한 곳이다.

그러나 위의 마태복음 말씀의 첫 구절은 "너희는 삼가 두려워 말라 이런 일이 있어야 하되 아직 끝은 아니니라"는 말씀을 담고 있다. 이 말씀을 읽으면서 우리는 안도의 한숨을 쉬며 또 하루를 살 수 있는 것처럼 느낀다. 오늘이 이 말씀이 말하는 그 끝이 아니라면 말이다.

사방에서의 위협들

기쁜 소식은 하나님 백성의 역사 가운데 전쟁이 그들의 나라를 황폐케 하고 사방에서 위협을 당한 것이 처음 있는 일이 아니라는 사실이다. 역사 전반에 걸쳐 신자들은 이런 문제들에 봉착했으며, 모든 일이 그들에게 아무리 불리하게 전개될 때에라도 하나님이 그들을 도우신 역사가 있다.

하나님이 유대인에게 주신 땅은 매우 중요한 위치에 있었다. 선지자 시대에 이스라엘은 핵심 무역로였기에 많은 왕들이 이곳을 탐했다. 고대 역사에서 이집트, 아시리아, 바빌로니아, 그리스, 로마가 이 지역을 소유하고 싶어 했다. 모든 나라가 이 땅을 그들의 왕국에 편입시키려고 애썼다. 그리고 이집트를 제외한 모든 나라가 이에 성공했다.

평화는 언제나 하나님의 백성의 나라를 피해 갔다.

거룩한 땅은 여러 세기를 거쳤지만 상황은 많이 변하지 않았다. 20세기와 21세기에 작지만 중요한 이 이스라엘 나라는 비록 적들에게 에워싸여 있었지만, 그 땅은 그 국민의 발판이었다. 놀랍게도 적들 중에 어느 누구도 갈 곳이 없는 유대인들을 쫓아내지 못했다. 그들은 하나님 외에는 갈 곳이 없었다. 왜냐하면 그분이 그 땅을 그들에게 약속하셨고, 그 약속을 지킨 분이시기 때문이다.

하나님이 처음에 그 땅을 자기 백성에게 주셨을 때부터 격렬한 전투가 벌어졌다. 그분의 전투 부대의 선봉에 하나님은 여호수아를 두셨다. 그는 하나님이 40년 전에 거룩한 땅에 보내신 충성된 정탐꾼 두 명 중 하나였다. 여호수아는 광야에서 40년을 방황했지만 그는 여전히 하나님이 그들 앞에 두신 그 땅을 정복하실 수 있다고 확신했다.

여호수아가 확신과 용기를 가질 수 있었던 이유는 무엇인가? 그것은 잘 훈련된 군사들과 전혀 관계가 없었고(여호수아에겐

여호수아와 그의 군사들은 하나님을 의지하여 승리하였다.

어떤 잘 훈련된 군사들이 없었다), 현대식 전투 병기와도 상관이 없었다(이스라엘에는 그런 병기가 거의 없었다). 여호수아와 그의 군사들은 하나님을 의지하여 승리하였다. 그리고 가능성이 없어 보였지만 그들은 열심히 싸웠고, 다소 독특한 전략을 사용하여 적들의 도시들을 파괴했다.

여호수아가 죽었을 때 이스라엘은 약속의 땅의 많은 부분을 아직도 정복해야 했다. 그러나 하나님은 그분의 전쟁 리더에게 그분이 친히 적들을 쫓아내겠다고 말씀하셨다(수 13:6). 겉으로 보기에 이는 불가능해 보였지만, 다윗 왕과 솔로몬 왕 시대에 이스라엘은 그 땅을 통치했다.

세상은 언제나 미쳤고 하나님의 백성은 그 가운데 파묻힐 때가 많지만, 그들이 무엇을 만나든 간에 하나님은 그들과 동행하셨고, 그들로 이 모든 것을 통과시키셨다. 과거에 행한 것을 그분은 오늘날에도 행할 수 있으시다.

오늘날 세상의 광기

우리의 세상을 가득 채운 모든 기술에도 불구하고 전쟁은 여호수아 이후로 조금도 개선되지 않았다. GPS로 무장

한 휴대폰, 드론(drones)과 첨단의 비행기와 탱크도 전쟁을 종식시키지 못했으며, 오히려 이것들이 더욱더 무서운 전쟁으로 만들었을 뿐이다. 그리고 전쟁은 단지 시작일 뿐이다. 사람들이 서로를 해하는 새로운 방법들을 발견하면서 우리의 세계는 점점 더 통치가 어려워 보인다. 세계의 일들이 더욱더 예측할 수 없어지자 정치가들과 다른 세계 지도자들에 대한 우리의 믿음도 시들어 간다. 그리고 더 많은 자연 재해로 인해 우리의 도시가 파괴되고 기후 변화로 우리가 살고 있는 환경이 변하기 시작하자 어느 누구도 이러한 고난을 피할 수 없어 보인다. 이 땅에서의 삶은 통제 불능이며, 모든 것이 미쳐 보인다.

미친 세상에 대한 우리의 두려움을 풀 수 있는 해결책─그것이 한 사람이 한 사람을 죽이려 하는 것이든 아니면 온 세상이 봉기하는 것처럼 보이든 간에─은 변하지 않았다. 여호수아의 확신은 우리의 확신이 될 수 있다: "너는 갑작스러운 두려움도 악인에게 닥치는 멸망도 두려워하지 말라 대저 여호와는 네가 의지할 이시니라 네 발을 지켜 걸리지 않게 하시리라"(잠 3:25~26). 우리의 확신과 용기는 여호수아와 동일한 곳에서 온다. 하나님이 놀라운 방법으로 그와 그의 백성을 구원하신 것처럼 그분은 우리의 삶에 들어오셔서 가장 기괴한 위협도 통과시킬 수 있으시다.

만일 당신이 오랫동안 그리스도인이었다면 아마도 재앙을 기대했던 날들도 있었을 것이다. 하지만 기도의 응답으로 하나님은 당신의 삶에 변화를 주셨고 그로 인해 모든 것이 바뀌었다. 한때 풀 수 없는 문제에 봉착했지만, 얼마 후에 하나님의 개입으로 모든 것이 괜찮아졌다. 그것은 거의 하나님이 우리 삶에 역사하신다는 서명처럼 보인다. 그것은 마치 작은 기적을 통해 하나님께서 우리를 잊지 않으신다는 것을 일깨워 주는 것 같다. 그리고 실제로 그렇다. 왜냐하면 우리가 신실할 때 (그리고 때로는 신실치 못할 때에도) 하나님께서는 우리를 지키시고 인도하신다.

우리가 신실할 때 (그리고 때로는 신실치 못할 때에도) 하나님께서는 우리를 지키시고 인도하신다.

시련을 겪는 동안 한 시편 기자는 고난에 대한 두 가지 반응의 중요성을 깨달았다. 그것은 하나님에 대한 신실함과 그분의 말씀을 통해 그분께 바짝 붙어 있어야 하는 필요성이었다: "나를 핍박하는 자들과 나의 대적들이 많으나 나는 주의 증거들에서 떠나지 아니하였나이다 주의 말씀을 지키지 아니하는 거짓된 자들을 내가 보고 슬퍼하였나이다 내가 주의 법도들을 사랑함을 보옵소서 여호와여 주의 인자하심을 따라 나를 살리소서 주의 말씀의 강령은 진리이오니 주의 의로운 모든 규례들은 영원하리이다"(시 119:157~160). 이런 식으로 반응할 때 우리는 계속해서 그분의 인도하심의 음성을 듣고 그분의 보호하심을 구할 수 있다.

시편 기자는 탁월한 조언을 한다. 왜냐하면 하나님의 말씀은 우리를 위로하고 방향을 제공해 주기 때문이다. 갈 바를 알지 못했지만 성경을 들고 읽었을 때 말씀이 당신에게 튀어나와 당신이 필요한 용기와 인도함을 준 적이 얼마나 많은가? 우리가 날마다 그분의 말씀에 거하는 것을 습관으로 삼는다면 하나님은 이처럼 친밀하게 우리와 연결되신다. 그리고 그분은 우리에게 이와 같은 방식으로 자주 방향을 제시하신다. 그러나 우리가 이를 습관으로 삼지 않는다면 말씀을 들고 읽어도 공허할 뿐이다. 하나님은 우리가 기도와 그분의 말씀을 통해 그분과 교제하지 않을 때 그것을 심각하게 여기신다.

이스라엘의 가장 위대한 왕 중 하나였지만 험난한 인생을 산 다윗은 전쟁 중이든 아니면 가족의 불화 가운데 있든 어디에 자기의 신뢰를 둬야 할지를 알았다. 그는 다음과 같이 선포했다: "여호와여 그러하여도 나는 주께 의지하고 말하기를 주는 내 하나님이시라 하였나이다 나의 앞날이 주의 손에 있사오니 내 원수들과 나를 핍박하는 자들의 손에서 나를 건져 주소서" (시 31:14~15). 시련의 때에 하나님께 돌아간다는 생각이 매우 평범해 보일지 모르지만 다윗은 이를 달리 알았다. 하나님을 신뢰하는 것은 물리적 전쟁 전후에 오는 영적 전쟁일 경우가 많다. 우리가 고난에 압도되는 느낌을 받을 때 우리의 믿음을 하나님께 두려면 힘이 필요하다. 사탄은 우리의 귀에 "그건 해결책이 아니야. 일을 네 손으로 처리하는 게 더 나아!"라고 속삭일 것 같다. 우리가 깨어 있지 않으면 우리는 이

> 우리가 고난의 상황에 직면할 때 성경은 우리에게 하나님을 기다리라고 권면할 때가 많다.

런 유혹에 넘어가 즉각 행동을 취하여 하나님이 우리에게 종종 요구하시는 것을 행하지 못할지 모른다. 그것은 기다리는 것이다.

우리가 고난의 상황에 직면할 때 성경은 우리에게 하나님을 기다리라고 권면할 때가 많다. 완전한 전투 타이밍을 기다리면서 병사들에게 동일하게 기다리도록 격려해야 할 때가 많았던 다윗은 우리에게 다음과 같이 조언한다: "너는 여호와를 기다릴지어다 강하고 담대하며 여호와를 기다릴지어다"(시 27:14). 그리고 그의 지혜로운 아들인 솔로몬도 "너는 악을 갚겠다 말하지 말고 여호와를 기다리라 그가 너를 구원하시리라"고 조언한다(잠 20:22). 우리는 하나님의 조언을 구하기 전에 먼저 혼돈스러운 상황을 해결하려고 서두르지 말아야 한다. 그분이 모든 것을 바로 판단하시며 그분의 완벽한 공의를 이루신다. "의로운 처소"이신 그분은 언제나 정의가 실행되게 하실 것이다(렘 50:7). 그분의 타이밍은 언제나 우리의 내적 시계와 일치하지 않을지 모르지만, 하나님은 결코 늦거나 망각하지 않으신다.

하나님은 기다리는 자들에게 놀라운 약속을 하신다:

"오직 여호와를 앙망하는 자는 새 힘을 얻으리니 독수리가 날개치며 올라감 같을 것이요 달음박질하여도 곤비하지 아니하겠고 걸어가도 피곤하지 아니하리로다"(사 40:31).

기다리려면 우리는 하나님께서 정말 행동을 취하실 것임을 믿는 신뢰를 개발해야 한다. 우리 자신의 분주함으로 반응하는 대신에 하나님은 우리가 느긋하게 긴장을 풀고 그분이 상황을 조정하시도록 허락할 것을 요구하신다. 친절하게도 그분은 경고를 곁들인 다음 약속으로 우리의 초조함에 논박하신다: "여호와의 손이 짧아 구원하지 못하심도 아니요 귀가 둔하여 듣지 못하심도 아니라 오직 너희 죄악이 너희와 너희 하나님 사이를 갈라 놓았고 너희 죄가 그의 얼굴을 가리어서 너희에게서 듣지 않으시게 함이니라"(사 59:1~2). 우리가 그분을 신뢰하고 우리 자신의 잘못을 고백할 때 그분의 구원이 우리 앞에 나타난다.

날씨나 땅은 너무 예측불허이기 때문에 우리가 두려워할 때 하나님은 우리에게 "누가 이 땅을 다스리느냐?"고 물으신다. 욥은 그분의 판단을 일깨워 준다.

"그가 진노하심으로 산을 무너뜨리시며 옮기실지
라도 산이 깨닫지 못하며 그가 땅을 그 자리에서 움
직이시니 그 기둥들이 흔들리도다 그가 해를 명령
하여 뜨지 못하게 하시며 별들을 가두시도다 그가
홀로 하늘을 펴시며 바다 물결을 밟으시며 북두성
과 삼성과 묘성과 남방의 밀실을 만드셨으며 측량
할 수 없는 큰 일을, 셀 수 없는 기이한 일을 행하시
느니라"(욥 9:5~10).

미친 세상에 대한 반응

세상을 지으신 이가 세상과 우리의 삶을 다스리신다. 자
연 재해가 우리에게 영향을 미치지만 그분이 그 가운데서
선한 것을 가져오실 수 없는가? 우리가 어디로 가든지 그분
도 함께 가신다(히 13:5). 우리가 그분의 도움을 체념하지 않
고 그분에게서 돌아서지 않는다면 어떤 자연 재해도 그분
과 우리를 분리할 수 없다. 우리가 재난 중에도 그분께 붙
어 있으면 우리의 몸부림을 통해서도 축복이 찾아온다.

우리가 다른 위험이나 폭풍을 두려워할 때, 그때가 기도

할 때이다. 우리가 우리의 필요와 우리 이웃의 필요를 하나
님께 올려 드리면 그분이 들으시고 그분의 뜻에 따라 응답
하신다: "아무 것도 염려하지 말고 다만 모든 일에 기도와
간구로, 너희 구할 것을 감사함으로 하나님께 아뢰라." 하
나님의 말씀은 우리에게 말씀할 뿐만 아니라 우리에게 다
음과 같이 약속하신다: "그리하면 모든 지각에 뛰어난 하
나님의 평강이 그리스도 예수 안에서 너
희 마음과 생각을 지키시리라"(빌 4:6~7).

> 우리가 다른 위
> 험이나 폭풍을
> 두려워할 때, 그
> 때가 기도할 때
> 이다.

우리가 이를 깨닫든 못 깨닫든 우리의 평
화는 우리의 소유나 우리의 좋은 경험에
있지 않고 우리 주님께 있다. 싸움이나
폭풍 가운데서도 그분이 우리 곁에 계시
면 우리는 그분의 평화의 한복판에 선다.

"성육신하신 하나님은 두려움의 끝이다. 그리고 그분이
우리 가운데 계시다는 사실을 깨달은 마음은 놀람 가운데
도 평온할 것이다." 이 말은 마이어(F. B. Meyer)가 이 원리를
설명한 것이다.

우리가 이런 평화 가운데 살 때, 이 땅의 어떤 고통도 우

리에게 영원한 해를 줄 수 없다.

오늘날 세계의 광기를 두려워해 본 적이 있는가? 하나님을 믿는 것이
이런 두려움을 완화하는 데 어떤 역할을 할 수 있는가?

환난의 때에 하나님과 소통하면 어떻게 방향을 제공받을 수 있는가?

우리가 '하나님을 기다리는 것' 이 왜 중요한가?

저의 건강이 나빠질 때
하나님은 어디 계시나요?

9

여호와 내 하나님이여 내가 주께 부르짖으매
나를 고치셨나이다
_시 30:2

어느 날 우리 대부분은 우리 몸이 배신하는 걸 경험하게 될 것이다. 전혀 예기치 못한 때에 질병이 생기고, 갑자기 우리는 우리가 신체적으로 천하무적이 아니라는 사실을 깨닫는다. 아마도 우리는 자신의 건강과 진지하게 타협하면서 강하고도 새롭게 영원을 생각하기 시작할 것이다.

우리는 자신의 신체를 열심히 돌보려 하지만 우리는 이 땅에서 영원히 살 수 없다. 하나님은 우리에게 많은 것을 약속하시지만 이 땅에서의 영생은 그 안에 들어 있지 않다.

그러나 우리 몸이 우리를 실망시키더라도 우리 주님은 그렇지 않으시다. 하나님은 결코 우리를 떠나지 않으시고, 신체적 혹은 영적으로 우리를 돌보는 일을 결코 멈추지 않으신다. 우리 신체의 모든 것은 그분의 능력 아래에 있다. "참새 두 마리가 한 앗사리온에 팔리지 않느냐"라고 예수님이 제자들에게 물으셨다. 그런 뒤에 그분은 이어 말씀하셨다: "그러나 너희 아버지께서 허락하지 아니하시면 그 하나도 땅에 떨어지지 아니하리라 너희에게는 머리털까지 다 세신 바 되었나니 두려워하지 말라 너희는 많은 참새보다 귀하니라"(마 10:29~31). 그분은 우리가 지금 통과하고 있는 모든 것을 알고 계시며, 어떤 일이 있어도 우리를 떠나지도 버리지도 않으실 것이다(히 13:5).

마가복음 5장 25~34절에 12년 동안 고생한 여인의 이야기가 나온다. 그녀는 많은 의사들을 찾아가 그녀의 모든 돈을 지불했지만, 그녀의 혈루병은 지속되었고, 더욱 악화되었다.

그러다가 그녀는 예수님에 대한 소식을 들었다. 여기 누군가 도와줄 사람이 있었다. 그분은 마치 그녀의 마지막 소망처럼 보였다. 그래서 그녀는 그것을 붙잡기로 결단했다. 그녀가 주님께 왔을 때 수많은 무리가 그분을 에워쌌다. 치료를 위해 그분의 관심을 끄는 것은 불가능해 보였지만 이

> 우리 몸이 우리를 실망시키더라도 우리 주님은 그렇지 않으시다.

여인은 결코 신뢰를 버리지 않았다: "이는 내가 그의 옷에만 손을 대어도 구원을 받으리라 생각함일러라"(28절). 그녀는 마음이 겸손하여 주님과 일대일로 얼굴을 맞댈 필요가 없었다. 단지 가장 단순하게 만질지라도 그녀는 족하였다. 그녀가 용기를 내어 손을 내밀어 구세주의 옷자락을 만졌을 때 혈루가 즉시 멈췄다. 그녀가 옳았다. 그녀는 단지 예수님을 만지기만 했는데도 완전히 나음을 입었다. 그 여인이 그분의 능력을 받았음을 깨달았을 때 예수님은 돌아서서 누가 자기를 만졌는지 찾으셨다. 너무나 많은 무리가 그분을 둘러쌌기에 제자들은 그분의 말이 진담인지 알 수 없었다. 한 사람이 손으로 살짝 만진 것을 그분이 어떻게 아실 수 있단 말인가? 무리가 그분을 밀치고 있지 않은가?

바로 그때 자기에게 일어난 일을 알고서 떨면서 그 여인이 가까이 와 주님 앞에 무릎을 꿇었다.

"딸아"라고 예수님께서 부드럽게 그녀에게 말씀하셨다: "네 믿음이 너를 구원하였으니 평안히 가라 네 병에서 놓여 건강할지어다"(34절). 그녀는 그날 얼마나 즐거웠겠는가! 그녀는 단지 그녀의 구주 예수님을 만난 기쁨뿐만 아니라 또한 그분이 그녀의 인생에 행하신 기적 때문에 기뻐했다.

성경 전반에 걸쳐 하나님은 자신이 건강과 치유에 직접 개입하는 분이심을 분명히 밝히고 계시다. 우리의 삶에 영적, 신체적으로 치유를 가져다주는 것은 그분의 손길이다. 믿음과 치유는 깊은 연관성이 있다. 잠언 3장 7~8절은 우리에게 다음과 같이 경고하고 또한 약속한다: "스스로 지혜롭게 여기지 말지어다 여호와를 경외하며 악을 떠날지어다 이것이 네 몸에 양약이 되어 네 골수를 윤택하게 하리라." 잠언서는 계속해서 우리의 영적, 신체적 건강을 서로 연결시킨다(예를 들어, 잠언 14:30, 17:22를 보라).

> 믿음과 치유는 깊은 연관성이 있다.

성경은 치유를 받은 사람들과 그들을 치유해 주신 하나님 사이에 친밀한 관계가 있음을 보여 준다. 이는 예수님과 낯설지만 아픈 사람들과의 우연한 조우가 아니다. 치유를 받는 자들은 그분에 대한 믿음이 있다. 하나님은 불신자나 혹은 믿음이 연약한 자들에게도 자비를 베푸시지만, 신자의 경우에 하나님과의 친밀감은 신체 치유와 떼려야 뗄 수 없다. 우리가 하나님과 가까이 동행할 때 우리는 치유가 일어날 수 있는 곳에 있게 된다. 출애굽한 후에 하나님은 자기 백성에게 다음과 같이 약속하셨다: "너희가 너희 하나님 나 여호와의 말을 들어 순종하고 내가 보기에 의를 행하며 내 계명에 귀를 기울이며 내 모든 규례를 지키면 내가 애굽 사람에게 내린 모든 질병 중 하나도 너희에게 내리지 아니하리니 나는 너희를 치료하는 여호와임이라"(출 15:26). 그리고 신체 치유는 의심의 여지없이 치유를 받는 자의 마음에서 성령께서 행하시는 섬세한 역사와 연관되어 있다.

신체와 영혼 사이에 하나님이 이와 같은 영적 연결성을 두셨다는 것은 놀랄 만한 일이 아니다. 사도 베드로는 예수님에 대해 다음과 같이 말하면서 이러한 연관성을 설명했다: "친히 나무에 달려 그 몸으로 우리 죄를 담당하셨으니 이는 우리로 죄에 대하여 죽고 의에 대하여 살게 하려 하심이라 그가 채찍에 맞음으로 너희는 나음을 얻었나니"(벧전 2:24).

우리가 얼마만큼 인정하든 간에, 우리 편에서 볼 때 질병과 죄 사이에도 어떤 연관성이 있다. 우리가 흡연처럼 우리의 심폐 기능에 영향을 끼치는 나쁜 습관을 가지고 있든 아니면 환경에 무고하게 영향을 받든, 이 세상은 하나님이 우리에게 주신 연약한 몸에 영향을 준다. 그리고 정교한 신체 조직은 또한 신체적 증후들을 보이며 우리가 지속적으로 범하는 죄에 반응할지 모른다. 예수님이 그분의 제2의 고향인 가버나움에 오셨을 때 마가복음 2장 1~12절은 그분이 집을 가득 메운 무리들에게 말씀하셨다고 전한다.

그분이 설교하시자 어떤 사람들이 중풍병자를 메고 지붕에 올라가 지붕을 뚫고 그 사람을 예수님의 무릎 앞에 내렸다. 예수님은 즉시 그 문제를 파악하셨다. 그분은 그 사람에게 "작은 자야 네 죄 사함을 받았느니라"고 말씀했다(5절). 몇몇 율법사들이 즉시 반대하며 오직 하나님만이 죄를 사하실 수 있다고 말했다. 그러자 이 진리를 입증하시기 위해 예수님이 대답하셨다: "중풍병자에게 네 죄 사함을 받았느니라 하는 말과 일어나 네 상을 가지고 걸어가라 하는 말 중에서 어느 것이 쉽겠느냐 그러나 인자가 땅에서 죄를 사하는 권

> 이 세상은 하나님이 우리에게 주신 연약한 몸에 영향을 준다.

세가 있는 줄을 너희로 알게 하려 하노라 하시고 중풍병자에게 말씀하시되 내가 네게 이르노니 일어나 네 상을 가지고 집으로 가라"(9~11절). 그 사람이 일어나 자기 자리를 들고 자기 죄와 중풍에서 떠나가자 그 뒤에는 찬양의 축제가 벌어졌다.

사도 야고보도 신약 교회가 고통 받는 자를 돕는 방법을 다음과 같이 설명했다.

> "너희 중에 병든 자가 있느냐 그는 교회의 장로들을 청할 것이요 그들은 주의 이름으로 기름을 바르며 그를 위하여 기도할지니라 믿음의 기도는 병든 자를 구원하리니 주께서 그를 일으키시리라 혹시 죄를 범하였을지라도 사하심을 받으리라 그러므로 너희 죄를 서로 고백하며 병이 낫기를 위하여 서로 기도하라 의인의 간구는 역사하는 힘이 큼이니라"(약 5:14~16).

예수님은 치료하실 때 위의 중풍병자나 다른 사람들을

죄와 대면시키셨지만 항상 그렇게 하신 것은 아니었다. 야고보는 자기가 쓴 편지에서 단지 죄가 어떤 질병의 문제가 될지도 모른다는 가능성만을 지적한다. 혈루병을 앓던 여인의 경우에 예수님은 죄를 지적하시는 대신에 그녀를 칭찬하셨다. 그러므로 소수의 사람들이 주장하는 것처럼 모든 신체 질병의 원인을 죄라고 말하는 것은 비이성적이다. 성경은 이렇게 증거하지 않으며, 우리도 그리해야 한다. 대신에 우리는 하나님이 모든 상황을 주관하시고 각 사람으로 하여금 죄를 고백하고 죄에서 돌이키도록 명하시며, 단순히 그분을 신뢰하길 원하신다는 것을 믿어야 한다. 하나님은 각 사람의 모든 마음에서 역사하시기 때문에 사람들로 하여금 이미 아파하는 자들을 비판하도록 만들 필요가 없으시다. 다윗은 치유를 경험하고서 큰 소리로 찬송하였다: "여호와 내 하나님이여 내가 주께 부르짖으매 나를 고치셨나이다"(시 30:2). 우리가 아플 때 우리는 다윗의 모범을 따라 치유를 위해 기도해야 한다. 하나님은 다른 영

하나님은 사람들로 하여금 이미 아파하는 자들을 비판하도록 만들 필요가 없으시다.

역에서와 마찬가지로 이 영역에서도 우리의 간청에 응답하시길 원하신다. 그리고 그분은 우리를 다시 건강하게 만들 능력을 가지고 있으시다. 그러나 신체의 온전함을 구하기 전에 지혜로운 신자들은 잘못과 실패를 하나님 앞에 고백하고 잘못된 영적 삶이 건강을 회복하는 데 방해가 되지 않도록 그분의 뜻을 구해야 한다. 그리고 건강을 위해 변화가 있어야 할 때 많은 사람들은 하나님이 그들에게 이를 행할 수 있는 힘을 제공해 주신다는 것을 알았다.

그러나 기도는 하나님에게 고백과 질병의 제거를 부탁하는 선에서 멈추지 않는다. 하나님이 행하시는 치료는 즉각적이지 않다. 이때 그리스도인은 기도 가운데 계속해서 믿음을 가져야 한다. 이는 하나님이 항상 순식간에 병을 고치는 분이 아니시기 때문이다. 하지만 그분은 우리 몸이 정상적으로 움직이지 않을 때 항상 우리를 지지하실 것이다. 고통과 약함이 우리를 괴롭힐 때 우리의 영은 다소 지칠 수 있다. 그러나 하나님께 가까이 나아가면 힘을 얻고, 질병과 약함을 고칠 수 있다.

기도하는 동안 우리는 또한 우리의 고통을 완화하거나

약물과 의학적 방법을 통해 고칠 수 있는 의사들을 잘 이용해야 한다. 혈루병을 앓던 여인은 의사를 피하지 않았다. 그녀는 그녀가 할 수 있는 최선의 치료를 받았다. 그리고 성경 어디에서도 하나님은 우리가 이 땅에서 이와 같은 의료 치료를 피하라고 말씀하지 않으신다. 대신에 우리는 영적인 해결책을 찾으면서 동시에 하나님이 의학을 통해 허락하신 선한 것들을 이용해야 한다. 이 두 가지를 통해 많은 질병들이 치료될 수 있다.

하나님이 치유하지 않으실 때

우리는 하나님이 모든 신실한 신자의 모든 병을 고쳐 주실 거라 생각한다. 그러나 1세기에도 그런 일은 일어나지 않았고, 지금도 그렇다. 성경에서 그리스도인으로서 병이 낫지 않은 가장 좋은 예는 사도 바울이다. 그는 고린도후서 12장에서 다음과 같이 증언했다: "너무 자만하지 않게 하시려고 내 육체에 가시 곧 사탄의 사자를 주셨으니 이는 나를 쳐서 너무 자만하지 않게 하려 하심이라"(7절). 바울은 세 번이나 하나님께 이 질병을 제거해 주시길 기도했지만, 구주께서는 "내 은혜가 네게 족하도다 이는 내 능력이 약한 데서 온전하여짐이라"라고 말씀하셨다(9절). 그것은 바울이 원했던 답이 정말 아니었다. 그러나 사도는 예수님이 이를 통해 역사하실 수 있다고 결론지었다. 왜냐하면 그는 이 소식을 받은 다음에 다음과 같은 태도를 보였기 때문이다: "그러므로 도리어 크게 기뻐함으로 나의 여러 약한 것들에 대하여 자랑하리니 이는 그리스도의 능력이 내게 머물게 하려 함이라 그러므로 내가 그리스도를 위하여 약한 것들과 능욕과 궁핍과 박해와 곤고를 기뻐하노니 이는 내가 약한 그 때에 강함이라"(9~10절).

같은 서신서에서 바울은 우리 몸과 몸 안에서 일하시는 성령의 역사의 관계를 설명한다: "우리가 이 보배를 질그릇에 가졌으니 이는 심히 큰 능력은 하나님께 있고 우리에게 있지 아니함을 알게 하려 함이라"(고후 4:7).

비록 우리 삶에서 치유를 누리지 못한다 할지라도 우리는 하나님이 우리를 통해 여전히 행하시는 역사를 통해 즐거움을 발견할 수 있다. 아마 우리의 가장 큰 간증은 우리가 가장 약할 때, 우리 주님을 깊이 믿는 믿음을 계속 가질 때 올지 모른다. 왜냐하면 하나님이 고치지 않으실 때에도 그분은 여전히 우리의 삶에서 큰 능력으로 역사하시며, 그분의 빛은 깨어진 질그릇을 통해 빛나기 때문이다.

만일 질병이 우리 삶에 찾아올 때 우리는 어떻게 해야 하는가? 바울은 이에 대해서도 답을 가지고 있다. 그는 우리가 우리 주님과 나누게 될 영원을 가리킨다.

> 하나님이 고치지 않으실 때에도 그분은 여전히 우리의 삶에서 큰 능력으로 역사하신다.

"그러므로 우리가 낙심하지 아니하노니 우리의 겉사람은 낡아지나 우리의 속사람은 날로 새로워지도다 우리가 잠시 받는 환난의 경한 것이 지극히 크고 영원한 영광의 중한 것을 우리에게 이루게 함이니 우리가 주목하는 것은 보이는 것이 아니요 보이지 않는 것이니 보이는 것은 잠깐이요 보이지 않는 것은 영원함이라"(고후 4:16~18).

우리의 외적인 존재가 사라질 때에도 더 많은 것이 올 것이다. 우리가 이 땅을 떠나면 고통은 과거가 되고, 우리는 예수님 안에서 집에 있게 된다.

≫ 묵상의 시간 ≪

우리의 영적 건강은 우리의 신체 건강과 어떻게 연결되어 있는가?

치유를 위해 기도하기 전에 먼저 우리의 죄를 고백하는 것이 왜 중요한
가?

신체 질병은 우리와 하나님 사이의 관계에 어떻게 영향을 미칠 수 있는
가?

사랑하는 자를 질병으로 잃어버린 자들을 우리는 어떻게 위로할 수 있는가?

하나님은 어디 계시나요?
그분은 항상
당신과 함께하십니다.

10

야곱아 너를 창조하신 여호와께서 지금 말씀하시느니라
이스라엘아 너를 지으신 이가 말씀하시느니라
너는 두려워하지 말라 내가 너를 구속하였고
내가 너를 지명하여 불렀나니 너는 내 것이라

_사 43:1

Where Is God? He Is Always with You

삶이 우리를 압도할 수 있다. 주변을 둘러보면 의심과 두려움이 우리를 공격한다. 그리고 이런 두려움을 오랫동안 직면하면 우리는 하나님이 우리의 시련 가운데 어디에 계신지 의아하게 생각할지 모른다.

어찌 된 일인지 많은 그리스도인들이 신실한 신자에겐 고난이 결코 일어나서는 안 된다는 잘못된 생각을 가지고 있다. 하지만 성경은 우리에게 반대로 이야기한다. 시련과 환난은 우리 믿음을 찬란하게 빛나게 해 주는 것들이다. 사도 바울은 하나님에게 질문하는 대신에 환난을 그리스도를 대신해 빛을 발하는 기회로 삼았다: "다만 이뿐 아니라 우리가 환난 중에도 즐거워 하나니 이는 환난은 인내를, 인내는 연단

> 시련과 환난은 우리 믿음을 찬란하게 빛나게 해 주는 것들이다.

을, 연단은 소망을 이루는 줄 앎이로다 소망이 우리를 부끄럽게 하지 아니함은 우리에게 주신 성령으로 말미암아 하나님의 사랑이 우리 마음에 부은 바 됨이니"(롬 5:3~5). 사도는 영적 전투에 돌입하여 그것을 그리스도를 위해 사람들에게 다가가는 기회로 삼았다.

바울은 자신의 고난을 해결하지 못했지만, 믿음을 지켰고 증거했다: "우리가 사방으로 우겨쌈을 당하여도 싸이지 아니하며 답답한 일을 당하여도 낙심하지 아니하며 박해를 받아도 버린 바 되지 아니하며 거꾸러뜨림을 당하여도 망하지 아니하고 우리가 항상 예수의 죽음을 몸에 짊어짐은 예수의 생명이 또한 우리 몸에 나타나게 하려 함이라"(고후 4:8~10). 사도의 경우에 모든 것이 예수님과 또한 그분이 세상과 나누라고 주신 메시지를 가리켰다.

하나님이 침묵하시는 것처럼 보일 때

하나님이 당신을 버리신 것처럼 보이는가? 그런 일은 불가능하다(히 13:5). 하나님은 상황이 어려울 때 자기 자녀를 버리는 악한 아버지가 아니시다. 토저는 다음과 같이 말했

다: "우리는 결코 하나님이 없는 것처럼 허공을 가로질러 외쳐선 안 된다. 그분은 우리 자신의 영혼보다 더 가까이 계시고, 우리의 가장 비밀한 생각보다 더 가까이 있으시다." 문제는 그분이 우리를 사랑하시길 멈춰서가 아니라 우리가 그분의 사랑을 의심할 때 생긴다. 우리는 그분을 기다려야 할지 모르지만, 우리는 결코 그분의 사랑과 보호를 의심해서는 안 된다.

다윗은 다음과 같이 선포했다: "여호와여 주는 나의 방패시요 나의 영광이시요 나의 머리를 드시는 자이시니이다 내가 나의 목소리로 여호와께 부르짖으니 그의 성산에서 응답하시는도다"(시 3:3~4). 이 간증은 이스라엘 왕이 된다는 약속을 받았지만 그 왕관을 받기 위해 많은 세월을 기다려야 했던 사람에게서 나왔다. 하나님의 약속이 실현될 것처럼 보일 때조차도 그것은 하루아침에 이뤄지지 않았다. 다윗이 먼저 유다의 왕으로 기름부음을 받았지만(삼하 2:4) 사울의 아들인 이스보셋이 이스라엘의 왕이 되어 그의 부하들이 그를 살해하기 전까지 2년 동안 통치했다. 왕관이 자기 차지가 될 것을 기뻐하는 대신에 다윗은 무고한 자를 죽인 살인자들을 어떻게 벌할지에 관심을 두었다(삼하 2:8~10, 4장).

우리는 두려움 중에도 하나님과 교제하길 결코 멈추지 말아야 한다. 선지자처럼 고난의 때에도 우리는 다음과 같이 외쳐야 한다: "여호와여 우리에게 은혜를 베푸소서 우리가 주를 앙망하오니 주는 아침마다 우리의 팔이 되시며 환난 때에 우리의 구원이 되소서"(사 33:2). 두려움이 우리에게 엄습할 때 우리가 다른 누구에게 갈 수 있는가? 이 땅에 해답이 어디 있는가?

> 우리는 두려움 중에도 하나님과 교제하길 결코 멈추지 말아야 한다.

바울이 환난 가운데도 자랑한 것처럼, 그는 도움과 위로를 얻기 위해 어디로 가야 할지를 알았다: "찬송하리로다 그는 우리 주 예수 그리스도의 하나님이시요 자비의 아버지시요 모든 위로의 하나님이시며 우리의 모든 환난 중에서 우리를 위로하사 우리로 하여금 하나님께 받는 위로로써 모든 환난 중에 있는 자들을 능히 위로하게 하시는 이시로다 그리스도의 고난이 우리에게 넘친 것 같이 우리가 받는 위로도 그리스도로 말미암아 넘치는도다"(고후 1:3~5).

위의 두 사람은 두려움에 대해 하나님을 향한 신뢰로 반응했다. 그리고 다윗은 시편에서 계속 반복해서 이 신뢰의 중요성을 나누었다.

"여호와여 주의 이름을 아는 자는 주를 의지하오리니 이는 주를 찾는 자들을 버리지 아니하심이니이다"(시 9:10).

"어떤 사람은 병거, 어떤 사람은 말을 의지하나 우리는 여호와 우리 하나님의 이름을 자랑하리로다(시 20:7).

"내가 무리의 비방을 들었으므로 사방이 두려움으로 감싸였나이다 그들이 나를 치려고 함께 의논할 때에 내 생명을 빼앗기로 꾀하였나이다 여호와여 그리하여도 나는 주께 의지하고 말하기를 주는 내 하나님이시라 하였나이다 나의 앞날이 주의 손에 있사오니 내 원수들과 나를 핍박하는 자들의 손에서 나를 건져 주소서"(시 31:13~15).

"악인에게는 많은 슬픔이 있으나 여호와를 신뢰하
는 자에게는 인자하심이 두르리로다"(시 32:10).

"내 원수가 종일 나를 삼키려 하며 나를 교만하게
치는 자들이 많사오니 내가 두려워하는 날에는 내
가 주를 의지하리이다"(시 56:2~3).

다윗이 쓴 시편이 아닌 다른 시편이 이 모든 것을 잘 요
약해서 보여 준다: "여호와께 피하는 것이 사람을 신뢰하
는 것보다 나으며"(시 118:8).

이해하겠는가? 다윗은 하나님이 결코 실패하지 않으시
며, 우리를 언제나 변함없이 사랑하신다고 말한다. 우리가
두려워할 때마다 우리는 그분을 신뢰할 수 있다. 하나님에
게 우리가 더 무엇을 구할 수 있단 말인가?

"야곱아 너를 창조하신 여호와께서 지금 말씀하시

느니라 이스라엘아 너를 지으신 이가 말씀하시느니라 너는 두려워하지 말라 내가 너를 구속하였고 내가 너를 지명하여 불렀나니 너는 내 것이라 네가 물 가운데로 지날 때에 내가 너와 함께 할 것이라 강을 건널 때에 물이 너를 침몰하지 못할 것이며 네가 불 가운데로 지날 때에 타지도 아니할 것이요 불꽃이 너를 사르지도 못하리니 대저 나는 여호와 네 하나님이요 이스라엘의 거룩한 이요 네 구원자임이라 내가 애굽을 너의 속량물로, 구스와 스바를 너를 대신하여 주었노라" (사 43:1~3).

우리가 진정으로 하나님을 믿는다면 우리는 두려워할 것이 하나도 없다. 누가 그분보다 크단 말인가? 누가 그분보다 우리를 더 사랑한단 말인가? 매일 매순간, 심지어 힘든 때라도 하나님을 신뢰하라. 그분은 결코 당신을 버리거나 실망시키지 않으실 것이다.

그렇다면 무엇을 두려워하는가? 당신은 두려워할 것이 전혀 없다.

어떻게 하면 우리는 환난을 우리 주를 위해 빛을 발하는 기회로 이용할
수 있는가?

그리스도인으로서 우리는 두려움에 어떻게 반응해야 하는가?

우리는 다른 사람들이 두려움을 다룰 수 있도록 어떻게 도울 수 있는가?